基于组织绩效建设的高校人力资源管理优化策略研究

陈　宁◎著

吉林大学出版社

·长春·

图书在版编目（CIP）数据

基于组织绩效建设的高校人力资源管理优化策略研究 /
陈宁著 . -- 长春 : 吉林大学出版社 , 2022.5
ISBN 978-7-5768-0242-9

Ⅰ . ①基… Ⅱ . ①陈… Ⅲ . ①高等学校—人力资源管理—研究—中国 Ⅳ . ① G647.23

中国版本图书馆 CIP 数据核字 (2022) 第 142460 号

书　　名	基于组织绩效建设的高校人力资源管理优化策略研究
	JIYU ZUZHI JIXIAO JIANSHE DE GAOXIAO RENLI ZIYUAN GUANLI YOUHUA CELÜE YANJIU
作　　者	陈　宁著
策划编辑	殷丽爽
责任编辑	董贵山
责任校对	周　鑫
装帧设计	李文文
出版发行	吉林大学出版社
社　　址	长春市人民大街 4059 号
邮政编码	130021
发行电话	0431-89580028/29/21
网　　址	http:// www. jlup. com. cn
电子邮箱	jldxcbs@ sina. com
印　　刷	天津和萱印刷有限公司
开　　本	787mm × 1092mm　1/16
印　　张	11
字　　数	200 千字
版　　次	2022 年 5 月　第 1 版
印　　次	2022 年 5 月　第 1 次
书　　号	ISBN 978-7-5768-0242-9
定　　价	72. 00 元

前　言

　　高校各项管理工作的基础是人力资源的管理，高校实施人力资源管理是高校做好各项工作的要求。通过高校人力资源管理，将各个工作人员进行分类管理，使其互相联系形成一个有机的良性互动团体。随着时代发展，人力资源管理在高校组织绩效建设中发挥着至关重要的作用。人力资源管理质量直接决定组织绩效的合理性。作为高校管理系统的重要组成部分，人力资源管理需要融合完善的政策、科学的战略、合理的制度、正确的执行措施，才能实现组织绩效的目标。而人力资源管理中，管理结构、人员配备、教育资源安排等因素与组织绩效有密切关系。本书主要从提升组织绩效建设效率的角度对高校人力资源管理的优化策略展开研究。

　　全书共分为六章。第一章是对高校人力资源管理相关内容的概述，主要包括高校人力资源管理的理论阐释、意义、人力资源管理的现状及新时代高校人力资源管理的特点。第二章主要分析了高校人力资源管理与组织绩效的关系。第三章是专门针对高校人力资源组织绩效管理的介绍，包括对任课教师、管理人员、教辅人员及辅导员等不同人群的绩效管理方法。第四章主要介绍的是高校教师的绩效考核创新管理措施，在分析现行的高校教师绩效考核缺陷的基础上，尝试探索了针对高校教师的多维绩效考核方法。第五章主要介绍的是高校教师薪酬制度和激励机制管理策略。第六章主要介绍的是高校组织绩效的评价体系建设，包括高校组织绩效评价指标设计的原则及高校组织绩效评价体系的构建策略。

　　本书系统地对高校人力资源管理和组织绩效建设问题进行研究，全书内容丰富，结构逻辑清晰，深入浅出，客观实用。本书文字通俗易懂，能够给读者以理论上的有效指导，在实践论述上具有较强的可操作性，可供广大高校人力资源管理专业教师和管理人员阅读。

　　作者在撰写本书的过程中，得到了许多专家学者的帮助和指导，参考了大量的学术文献，在此表示真诚的感谢。本书囿于写作水平有限，加之写作时间仓促，书中所涉及的人力资源管理与组织绩效建设的相关内容难免会有疏漏之处，希望广大同行和专家提出宝贵意见，以便进一步修改，使本书写作体系更加完善。

陈宁

2021 年 11 月

目 录

第一章　高校人力资源管理概述

高校汇集了大量的人才，加强对教职工资源的优化配置与科学管理，才能实现对人力资源的最大化利用，让不同层次的人才各尽其责，协同发展，共同推动高校的健康持续发展。然而现实中不少高校基于传统人力资源管理理念的限制，人力资源管理工作仍面临着不少问题，制约了人才效用的发挥。本章主要对高等院校的人力资源管理的理论阐释、意义及人力资源管理的现状、人力资源管理在新时代呈现的特点进行梳理，为高校人力资源管理深入研究奠定理论基础。

第一节　高校人力资源管理的理论阐释

一、人力资源管理概述

（一）人力资源的内涵

人力资源与高校人力资源之间还是存在一定差别的，两者是包含与被包含的关系，概念并不相同。

人力资源这个概念最早是由现代管理学家彼得·德鲁克（Peter Drucker）提出来的，他在自己的著作《管理的实践》一书中，将"人力资源"这一概念比较宽泛地理解为管理职能。他认为，人力资源和其他所有资源相比较而言，唯一的区别就是它是人，并且是经理必须考虑的具有"特殊资产"的资源。而这个概念从提出到现在，经历了一系列的发展，人力资源管理现在普遍被认为是通过合理使用招聘、培训及薪酬等一系列企业内部的组织手段，达到对人力资源的合理配置、开发和使用，挖掘人在工作中的潜力，让人在工作中发挥出自我应有的价值，进而有效地调动人的积极性，提高企业的工作效率，实现组织目标所要达到的理论、方法、工具及效果。

所谓人力资源管理，即运用符合时代要求的管理理念，根据企业的实际情况将人力资源组织调配到最佳的状态。现代人力资源管理要求更多地关注人的思想和心理，以充分发挥人的主观能动性，内部培养与外部引进相结合，最大限度地发挥人才对企业发展的核心作用。通过以上分析可以看出，人力资源管理具有外在和内在两个层面的内涵。人力资源管理内涵的外在层面即对人力资源"量"的管理，就是通过对企业人力的培训、调配等，使人力资源最大限度地符合企业的实际，为组织发挥作用。人力资源管理理念的内在层面是人力资源的"质量"管理，就是通过现代管理学的方法，实现对人的思想、心理和行为的引导，使人的主观能动性获得充分发挥。

（二）人力资源的基本特征

由于人本身所具有的主体性、资本性、时效性、再生性、社会性，决定了人力资源具有以下特点。

1. 主体性或能动性

主体性或能动性是人力资源的首要特征，是与其他一切资源最根本的区别。所谓主体性，就是说人力资源在经济活动中起着主导作用。一切经济活动首先都是人的活动，而人是具有主观能动性的个体，人的行为受其个性特征和外部环境因素影响，具有自发主动、主观性特点。因此，有了人的活动才引发控制和带动其他资源的活动。

2. 资本性

人力资源作为一种经济资源，具有资本属性。人力资本与一般物质资本有一些共同点。首先，人力资本是公共社会、企业等群体和个人投资的产物，其质量主要取决于投资程度。从根本上说，人力资本的这一特征源于人的后天能力。因为没有人的能力是完全先天的。为了形成能力，我们必须接受教育和培训，投入财富和时间。其次，人力资本也是一种在一定时期内能够持续带来收入的资本。一旦形成，将能在适当的时间内为投资者带来收益。

但是，人力资本又不同于一般资本，对一般实物资本普遍适用的收益递减规律，不完全适用于人力资本。在现代社会的经济发展中，呈现的是人力资本收益递增规律，这使得当代经济的增长主要应当归因于人力资本。

3. 时效性

人力资源的形成、开发和利用受到时间限制。从个体角度看，人作为一种生物有机体，有其生命周期；从社会角度看，人力资源也有培训期、成长期、成熟期和老化期。在人类发展的成长期之前，身心力量仍处于不断增强和积累的过程中。在这一时期，人的身心力量不足以创造价值，因此不能称之为"人力资源"。当人们成熟时，身体和精神力量的发展已经达到他们可以从事劳动并为创造财富做出贡献的水平。因此，一个现实的人力资源已经形成。当人们进入老年时，他们的体力和脑力持续下降，越来越不适合工作，因此他们不再被称为"人力资源"。生命周期与人力资源之间的倒"U"型关系决定了人力资源的时效性。它必须在人们成年后加以开发和利用，否则将浪费宝贵的人力资源。

4. 再生性

资源可以分可再生资源和不可再生资源两大类，人力资源是可再生资源。人力资源的再生性，主要基于人口的再生产和劳动力的再生产，通过整体人口中个体的不断更替和"劳动力耗费——劳动力生产——劳动力再次耗费——劳动力再次生产"的过程得以实现。当然，人力资源的再生性不同于一般生物资源的再生性，除遵守一般生物学规律外，它还受人类意识的支配和人类活动的影响，因为只有人脑才有高级思维活动。

5. 社会性

人生活在群体当中，是社会性的高级动物。从宏观的角度看，人力资源总是与一定的社会环境相联系的，人所具有的体力和脑力明显地受到时代和社会因素的影响，从而具有社会性。从本质上看，人力资源是一种社会资源，不但会产生经济效益，更会产生社会效益。

（三）高校人力资源的基本结构

1. 师生比

所谓师生比指的是学校内教师数量和在校学生人数之比，在评估普通本科院校教学水平的时候，高等院校是否具有合格的办学水平，这一数据在评估指标中占据重要位置。维持科学合理的师生比，不仅能保证教学质量较高，还可以确保提升利用教学资料的水平，保证高等院校取得较好的社会效益。事实上，国内范围内各个区域的高等院校师生比存在一定的差异。在教育发达的省市，进入的学生越来越多，高校为了教学质量的提升，会加入更多的教学资源。一些经济水平不高的省市，高校的发展基础不扎实，短期内大量学生涌入学校，但是面临教师资源缺乏的困境。

2. 生职比

生职比是高校人力资源使用效率最直观的体现。该比是本年度学生和教职工的值。这一价值可以反映高校整体人力资源使用效率。在每年学生培养质量相同的背景下，保证这一比例的不断提高，是提高高校人力资源利用水平的关键。从全国各地区来看，西部省份的比例增长迅速，其次是中部和东部地区。这主要是因为各地区大学生的成长情况不同，且比例的变化与年度学生的变化基本一致。

3. 师职比

该指标是高校人力资源配置的综合反映，是指专职教师与教师的比例。众所周知，高校是教学单位，其主力军是科学研究。如果某个学院的教师人数越多，比例越大，该学院的人力资源利用效率就越低；如果某个学院的教师人数越少，比例越小，该学院的人力资源利用效率就越高。近年来，国家不断推进高校改革，人力资源的利用效率越来越高。部分高校比例偏低的主要原因是机构臃肿，行政后勤人员较多。这一现象在东北地区高校较为普遍，但我们也应该清醒地看到，国内高校精简机构、压缩层次的努力也取得了良好的效果。

（四）优化高校人力资源结构的对策

1. 提高研发经费

我们都知道，高校人力资源集聚的原因之一为投入研发的水平。目前，中央、地方政府等在研发经费上的投入越来越大，一些企业也不断重视科研投入，创建了区域性的创新体系。要想以创新为驱动发展经济，就应该不断地调整产业机构并保证其得到优化。高等院校在对自身智力和学习优势进行发挥的同时，还应该积极地争取来自政府和企业的科研投入资金，不断更新研发设备，提升研发效率，借此带动高层次的人才加入，辐射整个区域的人力资源集聚，获得可持续发展。

2. 优化人才机制

人才作为高智商群体，在人力资源中占有特殊的地位。人才市场通过人才流动调节人力资源，是保证人才获得自身价值的重要途径，是实现人才集聚的重要举措。随着全球化进程的加快，人才国际流动的趋势越来越明显，高校之间、校企之间的人才流动格局正在逐步形成。市场机制在人力资源配置和调节中的基础性作用越来越明显，但仅仅依靠市场机制带动人才的频繁流动，也会对组织未来的发展和稳定产生一定的影响，造成地区人才分布不均衡。因此，要构建以市场规律为导向的科学、有序、合理的竞争机制和人才流动。作为政府部门，要积极建设人才市场和人才信息平台，确保配套服务机构更好地发挥作用。要完善跨区域合作共享机制，改革人事管理、户籍管理等，创新人才评价、引进、选拔等机制，加大创新资金投入，出台相关政策，引导宏观调控。尤其是西部省份，要注重留住人才和吸引人才的机制，实现高校之间更加均衡有效的布局。

3.构建良好环境

对于人才而言，政府出台的一系列优惠政策只能从宏观角度进行引导和控制。高校是与人才直接相关的场所。高校的体制机制、薪酬、激励机制和校园文化是人才流失的关键。人力资源，特别是高层次人才，作为高校最重要的资源，也是高校的稀缺资源，对高校具有巨大的吸引力。因此，高校应根据自身的实际情况，积极构建吸引和稳定人才的机制。机制应涵盖保障、激励、情感、待遇等方面，为人才创造良好的环境。例如：建立和完善科学合理的薪酬管理体系，确保人才因自己的努力获得应有的荣誉和回报；加强校园文化建设，营造尊师重才的氛围；在科研经费、培训、住房等方面为人才创造便利条件，使他们有对高校的归属感，进而为学校的发展做出贡献。

二、高校人力资源管理

与企业管理一样，高校人力资源管理，就是要通过具体措施激发广大教职工的潜能，激发创造力，促进主动学习、主动提高，为自身发展争取机会，为学校发展做贡献，从而推动大学教育教学整体质量的可持续发展。

（一）传统的高校人事管理

传统的人事管理理论及模式形成于19世纪末20世纪初的工业主义和科学管理时代，它的主要内容包括对员工的招聘、上岗培训、在岗培训、工时记录、报酬支付及人事档案管理等，其本质是一种人事管理，关键在于"管事"，是一种经验式的管理。在科学管理之后，管理科学中的人事管理又向人际关系和行为科学两个时期过渡，在一定程度上确实完善了传统的人事管理理论，但管理工作在本质上仍然是将员工作为生产资料之一。

我国传统的高校人事管理是在借鉴上述经验的基础上，结合高校的一些发展特点进行改进的。在实践中积累了许多值得学习的经验，但也遇到了非常棘手的困难。考虑到过去时代的局限性，传统的人事管理有很多管理方法，如高压管理、威吓管理、偏袒管理、处罚管理等，在当时的文化环境和时代背景下取得了一定的成就。然而，随着文化观念和信息技术的变化，传统的人事管理暴露出其局限性。

（二）高校人力资源管理的内涵

中国高校传统的人事管理面临着诸多难以解决的问题，但它实质上就是高校人力资源管理的初级部分或初始形态。其中，高校人力资源特指的就是高等教育机构的具有工作能力的教育工作者。

高校人力资源是人力资源的下位概念。由于知识结构、环境影响和社会认知的差异，可以总结出高校人力资源主要涉及"人"或者"人力"，即"人"或者"人力"是高校人力资源本质属性的核心要件。高校人力资源就是围绕高校教育目标的实现而动用的一切校内外人力的总和。校内资源有教学科研人员、行政教辅人员、后勤服务人员、离退休教职工和在校学生；校外资源有政府机关、社会团体、慈善机构和民间民主人士等。

高校人力资源主要是指校内人力资源。教研人员是高校人力资源的主体和核心。把知识的继承和创造作为高校的主要职责，是高校实现办学目标、提高教育质量的根本。行政教辅人员是以服务于高校教学和科研为主要职责的人员，他们是高校教学科研顺利发展的关键，与教学科研人员具有同等重要的地位。后勤服务人员是高校人力资源的保障，是高校各项工作有效开展的主导力量，是高校必不可少的。离退休教职工是高校人力资源不可缺少的补充，是高校办成事、办大事的精神力量。大学生是指在高等学校学习的所有学生。大多数大学生具备一定的知识和技能，能够为高校的发展做出贡献，这符合高校人力资源的特点。校外资源是高校走出象牙塔，获得校外支持，开展对外交流与合作、实施开放办学的必要条件，是高校人力资源的重要支柱。

教师人力资源的开发和管理必须能够充分挖掘每一位教师的潜能，更加合理地使用不同的教师资源，同时为教师尽可能地创造一切有利条件，最终使高校教师能够最大限度地发挥出自己的人力资源效用，高质量地完成学校所预先设定的目标。

事实上，这种科学的人力资源管理模式已经越来越完善，这与传统的人事管理有着显著的不同。这种差异主要体现在以下几个方面。

首先，管理的概念和模式不同。现代高校人力资源管理更加注重以人为本，把高校教师视为最主动的核心要素，把教师置于主导地位，而传统的人事管理则以事物为中心，把教师视为被动接受管理。此外，教师管理摒弃了简单粗糙的"管人身"，而是"安人心"，强调"组织文化建设"，弘扬教师自身的使命感。

其次，管理规范化程度不同。传统的高校人事管理是经验式管理。管理过程中各级职责不明确，专业性不强，主观因素大，管理随意性大。现代大学人力资源管理模式明确了人在管理活动中的作用、工作职责和管理过程。对管理人员的职业素质也有明确的要求，这无疑可以大大提高管理的规范性。

再次，管理策略和内容不同。传统的高校人事管理作为一种事务性管理，往往局限于考核、奖惩等事务性工作，内容简单、被动、滞后，效果不好。现代高校人力资源管理是一项全面的战略管理，内容更加科学、丰富，甚至包括教师人力资源预测和专业发展规划，最终实现教师人力资源的持续增值，使学校获得长远发展动力。

最后，管理的重点是不同的。传统的高校人事管理过于注重教师的现状，更加注重教师资源的利用，忽视教师素质的进一步提高，而现代大学人力资源管理模式更注重教师资源的利用和开发，在充分发挥教师现有能力的基础上，充分挖掘教师潜力，全面提升教师素质。

综上所述，高校人事管理与人力资源管理既有联系又有区别。本质上是继承与发展的关系。现代人力资源管理是从人事管理发展而来的。它在履行传统人事管理诸多职能的同时，开拓了新的阵地和视角，不断适应新时代的新要求，能够实现一些传统人事管理无法实现的目标。

三、高校人力资源的特殊性分析

人力资源的基础理论诞生于西方科学，其内容相当丰富，从 20 世纪 80 年代中期开始，对于人力资源的分析变得更深入、更细致，并且开始进行具体化和数量化分析，在很大程度上推动了管理科学的发展。高校人力资源以教职工为主，他们主要从事教学科研及管理等工作，其核心是学术劳动，相比其他行业，高校人力资源管理表现出一定的特殊性。要制定行之有效的激励机制，需要根据高校人力资源的特殊性进行定制，才能对一线教职工起到真正的激励作用。

（一）时间难以量化

高校是以学术劳动力为主要体现的特殊机构，具体以教学、科研等方式表现出来，相比其他社会职业，其本身就具有极强的独立性和自我意识，在工作时间支配及思想意志方面，都享受更大程度的自由，很难像其他工作岗位，难以简单用小时制来实现量化。

（二）成果难以界定

教职工的主要工作是教学、科研及日常管理。在一部分高校，对于教职工的成果衡量是以工作量及学生成绩的排名来实现的，直接与待遇、津贴、奖金挂钩。这是一种方式，但对于科研成果而言，职称晋升也是一种方式，但是这些劳动成果在数量与质量方面都有更高的要求，也难以通过科研项目数量、科研项目时间长短来衡量具体业绩谁更高。

（三）价值难以体现

高校是培养人才的地方，企业聘用人才有一整套成本核算机制，并根据企业效益、岗位价值大小来确定薪酬，直接可以反映员工的能力。但是大学老师的劳动是以培养人为主，其经济价值难以直接体现，且受诸多客观因素影响，劳动价值的转换非常漫长且间接。

（四）价值需求多样性

高校教师与企业职工不同，与企事业单位也不同，除了基本的物质需求，广大教职工更享受于精神层面上的需求，他们能够沉淀在薪酬待遇稳定且上浮不多的教育行业专心做学问，以培养社会人才为己任，有社会责任心和科研精神，更加追求精神层面的成长与认可。

第二节　高校人力资源管理的意义

人力资源在不同领域中都有举足轻重的地位。随着经济、科技的进步，人力资源管理模式也在逐步改进，人力资源在社会发展中的作用愈发重要。而高校人力资源管理对内能实现教师队伍建设，对外能为社会提供高质量的人力资源，所以高校应完善人力资源管理，提高人力资源管理意识，建立符合学校发展规划的人力资源管理机制。高校教师不仅是知识的传播者，还是文化进步和科学进步的推动者，以及学生身心健康发展的引领者。为了激发教职工的工作兴趣和能力，高校需要开展合理的人力资源管理，这有利于优化高校人员配置，增强高校教学水平，提升高校整体实力，为国家培育更多的高素质人才。

在当今的知识经济时代，知识作为生产要素的地位正在逐步上升。高校作为重要的知识生产、创新和传播基地，知识工作者的聚集地，在促进社会发展中发挥着越来越重要的作用。高校员工以知识型员工为主，组织结构具有典型知识型组织的特点。人力资源不同于一般的企业和组织，具有一定的特殊性。员工普遍受教育程度高，在工作中不断接受知识的洗礼，具有较高的素质，尤其是学习能力；实现个人价值既需要精神需要，也需要物质需要，希望得到认可和尊重；他们有很强的主观能动性和创造力；由于员工素质高，高校人力资源稀缺且流动性较差。这些不同于一般人力资源的特点，要求高校在知识管理的基础上进行人力资源管理，以提高高校人力资源管理的水平和效率。

一、提高高校的竞争力

高校人力资源管理的有效实施可以提高高校的核心竞争力。在新的时代背景下，人力资源的竞争越来越激烈。高校的主体是教师，教师是高校发展的核心要素。教师的整体素质在很大程度上决定着高校的生存和发展。高校有效实施人力资源管理，可以加强教师队伍建设，不断提高教师素质和水平，留住和引进人才。学校的一切重大决策，如发展目标、管理模式、学科建设等，都需要对人力资源进行规划和管理。高校人力资源管理能够调动广大教师的积极性，也是高校改革的重点，可以全面提高办学效率和教学质量，有效提高学校的整体水平。

二、提高教职工的工作积极性

高校的教学质量是否得到提高，与教师工作水平的高低、工作质量的好坏有直接的关系。高校教师在工作中表现出来的工作态度是否积极主动，与高校的人力资源管理手段是否科学合理密切相关。高校人力资源管理保证了每一个教师职工在自己的岗位上各司其职，通过科学合理的管理机制，为教师设立了一个良好的学习和教育环境，充实了教师的业务知识储备，使教师有机会去了解自己在教学实践中的不足，更新观念。另外，人力资源管理也可以通过公平公正的考评机制，或者福利保障提高教职工的工作积极性。组织集体文娱活动、郊外观光、集体就餐等，使得领导和教师之间多谈话，教师与教师之间互相理解、彼此沟通，从而形成良好的同事关系，教师工作也会更加积极，教学质量自然也会得到有效提高。

三、提高教职工满意度

组织绩效是指一定时期内组织任务的数量、质量、效率和盈利能力。高校教师的选拔、招聘和安排不影响高校的科研和绩效，但对教师的满意度有着深远的影响。由于高校缺乏长期、合理、清晰的人力资源规划，一些高校在人才管理上没有长期稳定的发展基础，因此不可能保证优秀人才的充分储备。人才培养流于形式。为了培养一批真正稳定的高层次人才，需要做好高校人力资源管理的规划。组织绩效主要强调组织内工作过程和活动的最终累积结果。组织绩效主要用于衡量管理者利用资源实现组织目标的能力。因此，所谓组织绩效主要是指组织的整体绩效，而不强调相关群体和个人的绩效。如果教师对自己的教学和工作条件感到满意，他们就不得不提高教学和科研水平。因此，教师满意度的重要标准包括教师的综合满意度和接受培训的效果。

现今社会的竞争，高校之间的竞争已经转变为人才的竞争，人力资源管理在吸引、招聘和培养毕业生方面发挥着重要作用。如何最大限度地发挥学术性人才的创造力和主动性，是当前管理活动的重要目标。就概念而言，人力资源管理主要是指整个发展战略成本管理、劳动力资源管理和财务管理等相关活动的管理体系，包括征聘和甄选高校工作人员，对教师的教学水平培训及教师薪酬的管理等。各高校为追求其自身发展目标，通过人力资源管理实践活动评价教师绩效。

目前，在社会发展的背景下，大部分组织的目标在于集体与个人共同发展，只有少数组织以牺牲自身利益为代价开展管理活动。因此，人力资源的管理工作能力发展不仅取决于我们个人的绩效高低，而且与组织的整体绩效水平密切相关。组织工作主要用于评估管理者利用其资源实现组织目标的能力。近年来的研究结果表明，人力资源管理发展水平直接影响企业组织的效率。人力资源管理过程中的各种因素可能影响组织的效率。由于各个高校所处的发展阶段和所处的环境不同，对其工作和行动方式的影响也不尽相同。在个人层面，个人经济发展在人力资源成本管理中的作用主要是满足高校教师的物质需求和精神文化需求，提高其对自己学习工作场所环境的满意度，进而提高大学教师的积极性和创造力，实现中国高校优质教学组织的设计目标。在组织的整体层面，人力资源管理可以提高整个团队的竞争力，通过实现组织的整体目标来帮助实现个人目标。

总的来说，构建高校人力资源绩效管理体系，有助于促进教师专业发展，对教师进行积极的管理，激发教师工作的积极性，发挥着重要的作用。由此可见，加强高校人力资源绩效管理，构建人力资源绩效管理体系具有重要的意义。第一，有助于提高教师质量。人力资源管理关系到教师的聘用，因而直接影响到教师的质量。通过构建人力资源绩效管理体系，可以制定详细的教师选拔标准，明确教师选择要求，实现择优录取，提升教师的质量，实现人力资源的优化配置，保证人力资源的最大化。除此之外，在教师工作安排过程中，也会受到人力资源绩效管理体系的影响，需要根据绩效，对教师的工作任务与岗位进行分配，发挥教师的潜能，实现教学资源的合理利用。第二，提高教师的积极性。对高校而言，绩效管理直接关系到教学质量，是充分发挥教师教学积极性的关键。教师在教研过程中受到赞赏与支持，能够获得更多的资源，依靠学校外部环境优势，促进自身内部发展，提高教师教学质量，提升教师教学的积极性，促进教师队伍的整体发展。

第三节　我国高校人力资源管理的现状

近年来，高校内部的人力资源管理队伍在具体的组成结构方面呈现出多样化特征，并且其内部各个成员在管理水平及专业素质方面都存在较为显著的差异，这也突出了人力资源管理工作的复杂性。同时，高校内部的教师团队作为人力资源管理工作开展的主要对象，其具备文化程度高及专业水平高等多种特征，并且高校作为目前社会中人才培养的主要基地，更是具备显著的集中性特征，其中各项教学工作与科研工作的开展，也进一步聚集了那些专业能力强、综合素质高及科研学术水平高的顶尖人才，这也使得高校人力资源难以替代。因此，为了有效促进高校的可持续发展，就必须保证高校与时代发展的主流趋势保持一致，探索出一条创新发展的全新路径。

一、高校人力资源管理工作存在的问题

通过对高校人力资源管理的现状进行分析可知，高校若想提高自身管理综合质量，需将教师视为管理主体，秉持互惠共赢、深入全面、针对有效等理念，制定科学、高效的人力资源管理规范，然而当前高校人力资源管理现状并不尽如人意，尚且存在许多问题，为此高校需秉持自省精神，从高校人力资源管理实况出发，探析其管理现状，旨在为探究高校人力资源管理对策奠定基础。

（一）缺乏合理的管理理念和制度

意识是指引人们优化实践方略，完成实践任务的基础，当前高校仍然存在注重财务管理、纪律管理、教育管理，忽视人力资源管理的消极现象，将本校教育事业发展战略视为各项管理核心，不关注教师群体发展需求，一味采用刚性管理措施，严重打压教师工作积极性，影响高校教育事业稳健发展。

目前，很多高校的人力资源管理理念和制度与时代发展脱节，大部分高校仍采取传统老旧的行政管理模式进行人力资源管理，在工作中，以领导为中心，按照领导的意图工作，教职工缺乏自主选择性和创新性。同时，部分高校没有对人力资源进行科学的分析和规划，且由于对这方面的专业知识了解不多，造成部分

人力资源管理工作流于形式。这项工作方式方法较为滞后，创新性与主动性不足，也缺乏长远规划。部分高校未将人本管理意识融入人力资源管理中，管理形式仍以行政命令为主。这种僵化的管理形式容易给教研工作造成负面影响，导致人力资源发展不能满足新时期高校的要求。

在传统的高校人力资源管理工作中，大多数高校将人力资源管理视为日常行政管理的一种，不重视这项工作的内容，这也使得人力资源管理与社会经济发展没有联系在一起。同时，在当前世界经济一体化发展的背景下，我国社会经济的发展建设进一步呈现出独特的发展特点，这也使得高校在经济竞争中处于不利地位。原有系统化的高校人力资源管理工作极缺乏创新理念，特别是在社会经济快速发展的前提下，更需要将高校人力资源管理工作向多元化、系统化转型。确保无形管理理念更好地体现在创新过程中，确保高校培养的人才为社会主义经济发展和建设贡献自己的力量。

目前，高校人力资源相对充足，但也存在诸多问题。比较突出的问题包括人力资源配置不合理、人力资源结构不平衡。这很容易造成人力资源的浪费。究其原因，主要有两个方面：一是人力资源结构不合理；二是高校缺乏对先进人力资源管理模式的深入应用。人力资源结构失衡主要表现为：一是行政部门人员冗余；二是教师数量不足，尤其是高层次教师匮乏；三是师资结构问题，学历、职位、年龄等因素难以适应当前教学科研工作的需要。

（二）缺乏得当的知识资产利用方法

高校教师不仅拥有丰富的显性知识，即可以用书面文字图表表达出来的知识，而且拥有大量宝贵的隐性知识，即蕴含在行动中未表达出的知识，包括思维模式、信仰等。高校教师学历较高，在某方面具有较深入的研究和较丰富的知识储备，其思考方式具有独特之处，认知模式、判断能力等方面也有值得借鉴之处。目前，高校人力资源管理侧重于利用教师的显性知识，而对隐性知识的重视程度不高。高校在利用显性知识时局限于课本的范围，在课本范围外的显性知识交流共享、创新发展存在不足，不利于高校人力资源水平的提高。

关于大学教师的年龄结构比例，鉴于现阶段我国教师越来越年轻，但获得高级教师专业资格的难度越来越大，这使得教师的年龄结构发生了严重变化。许多青年教师在承担教学任务的同时需要进行大量的专题研究，发表作品和论文，工作压力很大。然而，尽管一些专家和教授被列为全职教师，但他们不需要全天候不停地带学生，因此他们将有更多的自由研究时间、提前退休和较高的社会福利，这显然与年轻教师面临的紧张压力相矛盾。

（三）缺乏合理的人才留存制度

由于高校人力资源综合素质较高，要求在工作中得到的精神补偿和物质补偿符合其能力水平，而目前高校在这一点上无法满足员工需求，高校员工普遍认为待遇存在提升空间。这导致高校存在人才流失问题。人才流失对高校发展主要有两个方面的不利影响。

第一，高校教师学历和综合素质要求较高，人才流失之后补充较为困难，会影响高校的教学科研工作的正常开展。

第二，高校的知识来源于人才，人才流失同时是知识的流失，而且员工跳槽后可能带走相关的科研团队，这会导致更严重的"人走才失"现象。

在当前的社会环境下，高校人力资源储备受到管理理念、创新环境、管理机制等诸多因素的影响。另外，一些高校只注重内部招生、人才培养和科研水平，没有做好人力资源管理建设，这使得高校内部人力资源管理者很难对其工作内容和岗位属性有科学合理的认识，长期以来，人力资源管理者的综合素质一直处于较低水平。稍有不慎就会导致严重的人才流失，整个团队的创新和建设也会失去原有的动力。

当前，我国大多数高校推行教师聘任制度，使教师的专业素养得以提升，用人制度不断完善。通过聘任制度的实施，改变了传统的教师聘任模式，教师不再是铁饭碗，并且教师之间的竞争日益激烈，更加重视对高能力及高素质人才的培养，教师的整体素养大大提升，与当前的教育要求相符合。另外，当前很多高校实行学科教师淘汰制度，该项制度在实际的实施过程中，淘汰掉一些专业能力不强的教师，使教师的人才质量得以明显提升。需要将外部竞争机制引入高校中，使教职工之间的竞争更为激烈，通过教师之间的竞争，能够将一些质量不高的教师淘汰掉，筛选出能力强的教师，以此来完成对优质教师队伍的构建。

通过在高校中应用竞争上岗机制，教职工的工作效率显著提升，有效解决了管理机构臃肿问题。我国各大高校积极实行竞争上岗机制，精简了高校中的管理机构，使管理职能相近的部门得以合并，管理人员的编制得到压缩，闲散职位被撤销。另外，将人员竞争上岗机制融入高校，以人才的实际能力为依据，合理分配人才岗位，该制度的实施有效杜绝了任人唯亲现象的产生，能够将人力资源的价值充分发挥出来。

（四）缺乏科学的绩效评价标准

高校员工的劳动成果具有创造性，存在很多隐形的影响，不易进行测评。单纯根据发表论文或者完成项目的数量进行考评不够科学。

当前很多高校尚未建立一套健全的教师考评体系，极大制约了人力资源管理的深入推进。第一，教师考评指标不合理、不全面，带有模糊性、定位不明的特点。第二，考评流程浮于表面，沦为走过场，没有实质意义。有时还存在硬性分配考评指标的问题。第三，衡量教师学术水平的关键指标中仍采用的是学历职称指标，更强调科研数量、学术论文数量等硬性指标，从而阻碍了高校教师创新性的发挥。

（五）缺乏科学的激励制度

目前，很多高校都存在一个共性问题，就是单纯根据教职工的资历及职位来确定激励标准。按照这样的激励标准，级别不同的教职工，其付出和收获可能会不成比例，例如：有的教职工付出较少，却由于自身职位高而能够获得较高的奖励；但对于职位低的教职工来说，其往往要付出较多的精力及心血，却只能获得较少的奖励，导致付出与回报不成正比。这种激励制度很容易造成不公平，甚至会导致教职工之间的矛盾，进而对高校的长远发展起到负面影响。

改革分配制度诞生于劳动分配改革背景下，目前，我国的各大高校需要对教职工分配制度进行积极改革，在校内大力推行津贴分配制度，坚持按劳分配，确保教职工的身份得以淡化，对教职工的管理工作包括津贴动态管理及岗位分配管理两种。对优秀教师高校应积极给予鼓励，并为教师提供更多参与创新的机会，奖励一些表现好的教职工。当前各大高校积极将分配激励机制融入高校，劳动分配向优秀人才及关键岗位倾斜，确保能够将人力资源的潜能充分挖掘出来。

（六）缺乏系统化建设团队

随着高校连年扩招，入校学生越来越多，教职工队伍也在逐年扩充。与此同时，教职工人员的频繁变动也导致人力资源部门的信息统计工作难度系数上升，很多信息更新都存在滞后情况，导致信息与实际情况不对等，使人力资源管理出现偏差，导致管理水平下降，影响高校的健康发展。

为了在当前社会经济高速发展的背景下促进人力资源管理的创新发展，高校就必须提高管理人员自身的综合素质，否则就会使得创新内容很难从理论知识转变为具体的实践内容。然而，我国当前高校人力资源队伍的发展建设进程中还存在较为显著的缺陷，不仅需要对管理人员自身的知识水平与知识体系进行完善，还要为高校管理队伍提供一个良好的学习环境，从而促进相关人员创新水平与管理水平的稳步提升。因此，在对高校人力资源进行开发的过程中，必须重点提高高校的创新能力，以此来保证高校能够更好地适应时代发展的基本需求，也只有对高校人力资源管理工作进行突破性的创新优化，才可以保证高校可以获取更加强大的发展动力，对教育改革进行深化，从而为我国高等教育的发展带来全新活力，促进人力资源管理工作的创新发展。

（七）缺乏科学的资源管理

人力资源管理具有全面性、交叉性、系统性特点，为此相关管理机制需要与本校教育事业相契合，使高校人力资源管理犹如一张网，包括所有人力资源，借助相关机制实现人力资源优化配置目标，然而当前高校存在人力资源管理机制不科学的问题，使其管理存在缺口，为教育人才流失埋下隐患。同时，当前高校人力资源管理灵活有余，经验累积不足，使相关工作陷入管理误区，无法凸显高校人力资源管理针对性和专业性，频繁采取"亡羊补牢"方式推动相关管理体系发展，不注重在管理问题产生前做好预防性措施，严重削减其人力资源管理效能。在绩效考核方面，高校教学目标不明确，人员信息管理制度不完善，学校对员工的任务布置不具体。高等学校应根据个人和组织工作目标的实际情况，采取不同的工作制度，以评价工作人员在工作中的综合能力，但不得设置具体的绩效指标。有些学校利用评奖评优，将功利心理与基于绩效水平的教育目标整合在一起，这种功利方法不会提高学校的教学水平，因为不同职位的员工在工作目标上没有显著差异。

目前，大部分高校尚无健全的人力资源规章制度。一套完善可行的规章制度是确保人力资源管理工作顺利展开的前提。不少高校仍存在较强的"官本位"观念，人本管理意识未有效渗透到人力资源管理中。这造成高校人力资源管理制度建设迟缓，管理效率不理想。这表现在用人机制、激励机制、绩效考核机制等诸多方面，由于高校思想滞后，习惯因循守旧，不能保证公平、公正、公开，因此，很难充分激发人才的活力，也很难留住人才。

（八）人力资源分布差异大

区域间教学资源差距较大，教育发展缺乏一致性。随着高校人事制度改革的深入，高校职工流入增多，流动速度加快，流动面积逐渐增大，流动方式也呈现出多样性。由于资源配置的改善，在一定程度上影响了高校人力资源的充分流动，有利于高校人力资源的优化配置，但流动过程中也存在严重的不平衡，地区之间的员工政策水平和类型存在显著差异，导致高校之间人才流动缺乏科学性和合理性。例如，发达地区的高校有灵活的人才政策和良好的人才工作环境。相比之下，欠发达地区的待遇和政策相对较差。同时，不同学校之间的人力资源分配存在差距，导致教育发展存在差距。在中国，大学分为重点和非重点学校、公立和私立大学、各种形式的高等教育机构、独立大学等。这些学校有不同的层次和不同的师资。

对于重点大学，国家提供巨额资金和政治支持，教师待遇有保障，往往会吸引更多人才。但是，一些普通学校不仅不能保证学校员工的福利待遇，还背负着大量的外债。一些民办学校和独立大学由于基础薄弱，国家政策保障不足，无法引进优秀人才。由此导致一些大学存在人力资源溢出现象，而另一些大学却没有足够的人力资源，不同学校之间的人力资源差距在原有基础上被进一步扩大，这是导致我国教育发展不平衡的一个重要原因。

（九）后勤保障有待加强

在现阶段的高校人力资源改革中，后勤改革是一项最为重要的改革项目，后勤管理工作实施效果及质量直接关系到高校管理工作的质量。目前，高校为了使后勤工作能够向社会化方向发展，建立了独立的后勤部门，将其从高校行政部门中脱离出来，开展自负盈亏及自主经营后勤实体工作，并且在日后的编制管理中，不再将后勤纳入高校的编制中，该项举措实现了对后勤人力资源的补充，使后勤人员的专业素养得以显著提升，后勤服务质量得以优化。

二、高校人力资源管理工作的深入分析

（一）经济效益的全面分析

高校在引进各类人才的过程中，往往需要安排人才引进费和家庭安置费。这些通常需要大量的物质和人力资源。此外，人才转岗也会产生严重的劳动争议，对高校领导和人力资源管理人员影响很大，一般还需要咨询律师或向劳动仲裁部门申请处理，不仅耗费大量人力和时间，也增加了资金支出。同时，在人才引进过程中，如何有效发挥人才的实际能力，创造新的价值，往往没有得到全面的考虑。不仅在人才进入学校时无法对其进行评估，而且在人才离开学校时也没有有效的评估，使高校只能在经济层面上进行支付，而得不到实际效果。可见，高校的人力资源管理部门本质上是一个"消费"部门。从经济的角度考虑，我们应该

努力降低消费成本。

（二）主要工作内容的全面分析

高校内部人力资源管理部门通常称为"人事部门"。不同院校内部人事部门的工作内容基本没有太大差异。它的主要任务是人员招聘和人才引进、师资配置、考核晋升、绩效考核等，在高校人力资源管理中占有十分重要的地位。在实际工作过程中，人事部门最耗时、最耗精力的工作是处理劳动争议、人才引进和招聘。这在一定程度上限制了高校人力资源管理的创新发展。总之，当前高校人力资源管理过程中，过于注重人才的引进，忽视了高校人才的开发利用。

（三）战略性内容的全面分析

大部分高校内部的人力资源管理部门，其在进行人力资源管理的过程中，都存在战略性目标与战略性意识较为淡薄的严重问题。这也使得高校的人力资源管理部门在具体的职能定位方面仍旧是对业务层面上的工作内容进行管理，导致其经常会将战略性思考与定位认为是领导人员的工作内容，并没有建立起为领导进行辅助与参谋的工作意识。同时，正是由于高校人力资源管理工作没有进行战略性思考，使其很难根据高校的实际发展情况来制定出与之对应的工作策略。

三、优化高校人力资源绩效管理体系的对策

（一）加强认知水平

在加速发展的市场中，许多企业可能会对员工的工作性质和绩效能力进行排名通告，而一些高等学校也有自身独特的管理特点。这些管理制度目的是在管理体制、个人成就和组织目标之间建立统一发展方向，使员工在工作中有独立的意识和主动性，全身心地致力于工作，实现优质服务。针对高校员工优化企业绩效管理，不仅仅是中国社会发展的要求，也是教师和工作人员需要具备的责任意识。高校要为他们提供个人发展前景和发展空间，进而推动高等院校教学工作进程。这种宏观调控是市场机制的产物，高等学校教师的教学工作必须符合专业发展规律，积极适应我国高校机制，适应社会发展和跨学科培养的需要。在现实中，高校人力资源管理的特点是将教师组织团体的创新能力纳入职业教育和培训的新方向。虽然很少有关于人力资源管理绩效评价制度的规定，但缺乏这种管理机制可能导致人力资源的浪费。加强高等教育发展的实施，对高校人力资源绩效管理提出了更高的要求。

我们需要转变观念，建立先进的人力资源管理理念。高校教学与科研工作主要由教师负责，因此，教师素质既关系到高校的科研、教学质量，也影响到高校自身竞争力的提高。为此，在开展人力资源管理的过程中高校一定要更新理念，树立"以教师为本，以人才为本"的理念，高度重视人才的价值，着重考虑教师的个性化需求，在不违背管理制度的基础上最大限度地予以满足，以尽量激发他们的创造力与主观能动性，使教师资源得到更充分的利用。同时，负责人力资源管理工作的人员必须清楚看到人力资源管理对教师的服务功能，结合教学与科研工作实际展开相关人力资源管理。在日常工作中要尊重教师，满足教师的个性化需求，尽量为高校教师提供高水准的服务。

（二）加强管理战略

根据高等教育发展策略，制订科学的人力资源管理计划，进一步提高高等教育机构的组织效率。高等教育的人力资源管理和科学管理水平，直接影响人力资源管理的水平。在高等教育阶段，高校可以有效地实现自己的发展战略和目标，通过实施就业制度来解决当前的问题。为了更好地保障高校人力资源信息管理战略的一致性和有效性，高校管理人员应该制定一个科学、公平的管理方案来进行人力资源规划。

与此同时，应事先从制度方面提供保障，改进组织绩效管理和高校学生发展战略分析。高校要通过规范管理机制和程序，建立基于组织、有效率的人力资源管理机制和程序，增强教师的主动性和创造性。第一，高等教育机构应建立和完善激励机制，以刺激现有的人力资源，如内部晋升和培训机制。第二，在高等院校人力资源绩效管理中，建立和完善奖励薪酬管理制度，进一步促进教师工作团队的稳定发展。第三，高等院校还可以通过建立适当的惩罚机制，保证教师之间进行公平竞争。高等教育在高校教职工发展中起着主导作用，有利于提高高校教职工的整体素质，挖掘其教育潜力，促进高校创新。

教职工要围绕学校工作现状，合理配置师资、后勤服务人员、行政管理人员等，确保人力资源配置最合理、最优化，进一步提高师资资源利用效率。人力资源管理部门需要提前做好在校教职工的职业生涯规划设计工作，帮助教职工设定合理的职业发展目标，稳定教职工队伍，尽量减少人员流动。同时，针对当前人力资源结构，高校需要进行合理调整，优化岗位结构，适当提高从事教学科研的人才比例，相应降低行政人员比例，从而减少人力资源的浪费。

（三）改善管理机制

高校的人力资源与集体的利益有着紧密的联系，因此为了提升单位集体效益，在招聘与人才聘任时应考虑人员任用效益，对高校机构设置与人员编制了然于心，在实际进行该工作时应注意以下两个方面。（1）为充分发挥教师的主导作用，必须对教师编制进行梳理，明确各类教师的编制比重，以此保证机关人员结构精细，保证从事教学工作的人员结构相对丰富。同时明确教职工与学生的比重，也包括从事教学工作辅助人员与相关各类人员的比重。虽然要明确学校中各类人员的比重关系，但教师与学生的比重最为重要，占据核心位置。（2）对学校各类工作岗位进行严格管控，明确各个岗位的主要工作职责，根据所要完成的工作任务分配不同的人员，保证人尽其用。以编制的比重为基础，确立对应的工作岗位，然后明确各个岗位的任务和义务，为人才的聘用打好基础。

聘任制则是各类企事业单位最常使用的人才任用方式，使用该方式不仅可以完善团队结构，还可在很大程度上提升团队人员的工作水平。在使用该制度时应遵循以下几个原则：（1）不能部分执行聘任制，必须在全校范围内实施该制度；（2）事先确定对应的岗位，在确定岗位时应根据需求进行，还应严格确定编制和人员，以此保证人员招聘工作的公平开展；要明确的是，聘请者与被聘请者双方都具有选择权利，必须双方同时选择对方后，才可签订劳务合同，人力资源部门依据合同进行管理；（3）在开展聘任工作前，相关部门应明确各个岗位的具体要求，即岗位人员实际应完成的工作内容，如教师、后勤人员、科级干部与处级干部等，针对不同的岗位制定不同的要求；（4）对应聘人员进行资格审查，同时进行考核，在开展该工作前，需要根据教师、教学辅助等制定审核条例，该审核条例应包括品德、能力、出勤与绩效四个方面。同时明确审核流程与审核操作。

（四）深化改革理念

高校在优化绩效管理过程中，应注重双向沟通和有效交流，构建良好的管理体系，正确认识自身定位。构建高校教师能量资源管理体系，需要考虑高校教师作为教育工作者在工作岗位上的特殊性。第一，高校绩效管理方面的教学过程中，管理者结合高校自身发展战略目标，开发人力资源中教师的教学技能，制定学校建设的发展目标，通过绩效评价提高并转变高校核心竞争力。第二，在实施绩效管理中，高校应该为每个教师制定一个明确的目标和发展的方向，在绩效评价中，教师会非常重视整个评价过程，所以高校更应该优化学校管理，通过对全体教师的绩效评估，进而实现高校人力资源管理的发展目标。

改革还体现在信息化与网络化，在当前的发展进程中，高校必须要有效提升内部人力资源管理的信息化工作水平与工作质量，以此来更好地促进人力资源的信息化发展，保证各项管理举措与管理内容更加细致化，同时，在互联网技术高速发展的背景下，各种人力资源软件、管理技术及 App 都得到了较为全面的技术革新，这也使得一部分高校开始了"互联网＋管理"的全新模式，以促进管理工作的高效转变。而通过这种"互联网＋管理"的模式，不仅可以对人力资源管理效率进行持续优化，全面提高人力资源的管理质量与管理水平，还能够更好地促进管理工作的信息化转变，因此，高校内部的人力资源管理部门可以适当地引入钉钉等人力资源管理软件，以此为基础来对日常的管理制度与管理工作内容进行规范，并通过全体工作人员打卡考核、外出审核与请假审核批准等方式，进一步改变高校工作人员原本懒散的工作态度。除此之外，这种"互联网＋管理"的全新模式，不仅能够提高人力资源管理工作的灵活性，也可以在全新的绩效管理系统当中直接输入对应的数据信息，实现智能化处理，确保这些信息能够根据相应的模型来生成与之对应的资料内容。

（五）完善考核体系

高校绩效管理人员应建立健全考核体系，转变固有观念，以人为本，建立科学的考核指标体系。高等学校教师是教育工作方面较为专业的人力资源，不应局限于传统的人事管理控制体系，而应被视为一种社会重要资源，其价值应该因科学管理而实现最大化。在这种理念指导下，所有的人力资源管理体系都要以工作人员的兴趣和发展为基础，在各种形式的人力资源管理中，积极管理和提升自己的能力，使其能够充分地迎合高校对优秀教师的需求。只有这样，才能调动教师在人力资源信息管理工作方面的积极性，才能实现高校和教师共同追求的资源管理目标。首先，通过广泛的宣传教育活动，深入讨论教师绩效考核的最终评价，并动员高校全体工作人员参与全面系统的考核计划，充分接纳一线管理人员和一线教师的意见。其次，在建立高校绩效管理制度体系的过程中，高校的管理人员必须以人文基础、专业技术及职业发展为目标，建立和谐的评价机制。

对教师进行评价的方式有多种，绩效评定是其中的一种，通过绩效评定可以对教师的综合素质进行判断，也可使教师明确自身的优缺点，帮助教师提升自己。在对教师进行绩效评定时，应事先邀请专业人员，即该领域的专家，根据事先要求对教师的综合素质进行考察，即教师的道德、教学内容及教师的科研成果。所发表的论文数量与质量，此外包括教师所获奖项情况，在考核时要认真细致，防止教师因虚假奖励获得绩效。另外，相关人员还应对教师的薪资与考核要求进行整合，根据评定结果来划分教师绩效与薪资水平。

（六）完善激励机制

为了确保能够将激励机制的作用充分发挥出来，各大高校应明确了解物质激励与精神激励两者之间存在的关系，大力实施及开展物质激励及精神激励，确保能够与高校人才的物质需求及精神需求相符合。根据高校教学的设计情况，对物质激励机制进行不断完善，加速分配制度改革，对教职工薪酬分配进行完善，确保薪酬体系的完善建立。将教师考评标准纳入高校中，建立完善的教师考评体系，使教师考评工作更具科学性及合理性，为激励教职工提供依据。给予广大教职工精神上的奖励，对教职工激励的内容包括奖惩激励、理想目标激励、信任激励、情感激励、荣誉激励等，使教职工的工作满意度得以提升。

高校应该结合自身实际，构建科学合理的绩效评价机制，采取有效的激励措施，激发教职工的积极性。评价指标要科学、合理、全面，应全方位评价教职工的工作。例如，高级评估方法和平衡计分卡可用于评估，要坚持精神激励优先、物质激励为辅的方法，防止教职工出现功利思想，从而偏离个人的正确立场。在物质激励方面，高校需要引入公平、公正、公开的绩效考核体系，将教职工的绩效考核结果与薪酬挂钩。此外，高校要综合考虑教职工的实际专业能力、技术水平、贡献水平等因素，构建更加科学的评价方法，确保每一位教职工的努力都能得到相应的回报。这有利于增强教职工的积极性和创新精神，使他们明白工作越多越有收获，达到物质激励的效果。在精神动力方面，要改变传统的教师年度表彰方式，通过过程管理和考核，以公开、公平、公正的方式，结合教师日常工作表现，定期评选先进个人，并颁发相应的奖励，且在校内大力宣传推广，营造学习的良好氛围，号召全体教职工学习。这样，优秀的教职工才能获得精神上的满足，进而充分激发他们上进的积极性。

（七）合理配置资源

人力资源作为高校最为重要的资源，高校管理层做好员工配置优化极为重要。鉴于上文的分析，笔者认为高校管理层应当采取适当的人力资源配置方法。例如，高校可以根据自身的教育水平来确定适当的师生比例，而不是按照完全相同的标准来配置教师数量。职业学校的师生比例可以适当高于国家要求，而对以学历教育为重点的高校则可以采用国家标准。

除合理配置人力资源之外，还应对其进行相应培训，高校的人力资源，主要囊括了不同岗位的工作人员，这就需要在进行培训的过程中，根据不同岗位所具备的特点来进行更加详细的分类处理，并设置与之对应的培训方案。同时，各级工作人员作为高校发展进程中至关重要的人力资源，更应确保人员培训工作的开展符合高校基本的发展规律，加大对于人力资源管理工作的重视程度。通常情况下，教师培训工作主要包括以下两个方面的内容。一是提高文化程度。高校应当确保教师的教学工作与科研工作可以更加顺利地开展，通过定向培养、统招及在职进修等多种方式，进一步促进在职教师专业能力与综合素质的提升，帮助其攻读硕士学位或是博士学位，取得跨专业的本科以上学位。因此，高校就需要尽己所能来帮助那些在职教师进一步优化进修学习、日常生活与教学之间的关系，保证其能够全心全意地参与培训。二是要对教师的技能与基本素质进行培训，重点包括教师的书面表达能力、口头表达能力及普通话水平等内容，确保人力资源培养制度能够有效发挥自身的实际作用。

为提升教学质量，高校必须适当引入人才，在引入人才前应制定对应的人才引进战略，所引进的人才应具备较高的业务水平、较强的业务能力与高尚的品德，此外所引进的人才必须具备一定的教学水平，能独立进行科学研究，具备一定的培育人才的能力，以此来提升教职工的整体素质水平。为引进高质量人才，高校必须在现有的基础上对人才引进方式进行创新，确定工作岗位，根据学校发展规划吸纳人才。为达到培育人才的目的，高校还应制定人才培养理念，根据教职工所要完成的工作制定团队发展方案，根据人才规划吸纳人才，同时根据不同岗位设置对应的要求，以此实现人力资源优化目标。

（八）改善员工结构

高校应当注重改善自身人力资源结构，包括教师、研究人员、管理人员和服务人员的结构。就管理人员而言，高校管理层应当尽快培养和选拔一批懂教育规律、具有一定发展能力和市场意识的领军型人才，并在校内营造出尊重教师、重视教育的良好学术氛围。此外，通过加强职业培训、提高服务意识等方法，尽可能地提高服务人员和行政部门人员的业务水平，从而有效满足高校在知识创新、传播和发展等方面的需求。

在人力资源管理方面，高校应遵循"公开、平等、竞争、择优"的原则，构建合理的人才竞争机制，采用聘任制，以市场为导向，合理配置人才资源。用合同开展人才管理工作，将学校与员工的权利义务写在合同中，实现管理用人模式的转变。这有助于增强在职员工的责任感和工作压力，使他们能够主动提高个人素质，认真完成工作，激发进取精神。引进更多优秀高端人才，夯实人才储备基础，培养有潜力、高素质的青年教师队伍。同时，学校领导要增强培训意识，把员工培训作为提高高校办学质量的重要抓手，帮助教职工完善个人职业生涯规划。根据岗位特点和师资队伍特点，推出不同的继续教育和终身教育机制。围绕内部组织结构的特点，按照不同的职责、类型、层次划分不同的岗位，明确每个岗位的能力要求和任职资格。同时，高校应出台一些激励措施，鼓励个别教职工参与进修和继续学习，促进个人专业水平的提高。

站在高校实际发展情况的角度来看，应当在人力资源管理工作中采用聘任制，这样不仅能够进一步鼓励高校内部的人才追求更好的发展，优化基本的团队结构，还可以有效提高人力资源管理队伍的专业水平与专业能力，而在执行聘任制度的实际过程中，应当重点关注以下几个方面的内容：首先，应当明确基本的岗位原则，根据高校对于人力资源的基本需求来明确具体的岗位，严格确定好编制工作人员，确保竞选任职制度的公正性与公开性，无论是被聘请人员还是聘请人员，其都拥有对应的选择权利；其次，要在全体高校范围内部采用聘任制度；最后，要了解不同岗位工作人员的基本任用需求，如教师、后勤工作人员、处级干部与科级干部的聘用要求等内容，并针对这部分人员需求来设置出与之对应的上岗工作制度。除此之外，还要全面地开展审查考核工作，根据教学辅助人员、管理人员及教师等不同类型的工作人员，则要采用匹配的审核机制，其中具体的审核内容应当囊括能力、绩效及品德等多方面审核条例，并制定出能够进行定量分析的标准内容，明确基本的审核机构与审核流程，建立出更好的定量分析标准。

（九）改革管理模式

高校管理层应当改革自身的教学理念，从以"学历为本"转向"以人为本"。传统高校人事管理的内容多以"学历"为主，而新时期的高校人力资源管理则应当以人的发展和自我实现为基础。高校传统的管理模式降低了教学效率，导致人力资源的过度使用和无端浪费。因此，高校应当合理改革现行的人力资源管理体制，创造新的管理模式。在这一前提下，高校应当切实落实教学任务，调整学科专业，提高人员就业水平，减少冗员，明确工作领域和人员范围，充分调动他们的工作积极性，为提高教师在学校的参与度和合理使用教学资源制定适当的指标，从而最大限度地实现高校教学资源的最佳分配。

同时加强人力资源信息化建设。人力资源信息化建设有助于促进高校人力资源管理水平的提升，应提升对信息化建设的重视度，增加信息化建设资金投入力度，从培训工作入手，加强对信息化管理人员进行技术管理，使信息化管理技能及管理观念得以强化。积极引进具有创新能力的人才，确保能够与高校的用人要求相适应。需要在人力资源管理中将信息技术的价值充分发挥出来，根据高校未来的发展要求，制定长期的人力资源信息化建设规划，建立统一的信息化管理工作流程，提供数据信息的利用效率。

（十）加强宏观调控

政府作为教育机构的管理者和监管者，应充分发挥宏观调控职能，坚持"效率优先、兼顾公正"原则，创造公正公平的教育竞争条件，以适应高等教育大众化的趋势。针对区域教学资源不平衡的问题，国家应当确保中西部地区的高校和高等教育机构有更加充分的人才保障政策，提高当地教学人员的工资，解决配偶就业和子女抚养问题，吸引优秀人才。与此同时，政府部门应当加大对高校师资队伍建设的支持力度，加大教育科研经费投入，调动教师的教学科研积极性，对高校教师的项目申请要给予一定的政策扶持。

总而言之，在当前的社会环境中，如果仍采用传统的人力资源管理理念及管理方式，不仅很难满足社会发展提出的基本需求，甚至还会影响到高校人力资源的管理效率及质量。因此，在高校的人力资源管理工作的开展进程中，应当从原本的事务管理逐步向智慧资源开发的角度转变，积极探寻人力资源管理的创新发展，确保高校内部的人力资源能够在最大限度上发挥自身的效能，为高校的高质量发展奠定坚实基础。

第四节　新时代高校人力资源管理的特点

一、高校人力资源管理的特殊性

高校人力资源管理是指以应用先进管理原则及对策，遵照高校发展战略，指引教师充分完成分内工作的管理形式，使教师的配合更为得当，学校的管理目标得以有效落实，人事关系更为协调，教育工作氛围更加和谐稳定，教师招聘、岗位晋升、奖惩执行、教师培训等工作任务高效完成，凸显高校人力资源管理价值。基于此，为使高校人力资源管理工作更富有成效，需对其管理特点进行探讨，并将相关管理特点作为高校人力资源管理体系优化发展的立足点，旨在提高高校人力资源管理质量。

人力资源属于高校最基本的资源，直接关系到办学质量的提高和高校的核心竞争力的提升。因此，人力资源管理是高校管理中的一项重点工作，影响着高校的战略发展。为此，高校应高度重视这项工作，并将其作为重中之重。然而，基于传统人力资源管理理念的制约，高校人力资源管理面临诸多需要改进的问题，人力资源优势无法充分发挥。基于此，新形势下通过研究高校人力资源管理的不足及成因，探讨改进策略，对提高高校人力资源管理效率，促进高校人力资源管理的发展具有非常积极的意义。

不同于其他国企单位，高校拥有严密的组织，其主要特征是松散而有序。每所高校都建立了一套较为健全的管理系统与制度，教师作为主要的人力资源，其工作时间弹性较大，他们在学术研究领域获得了很大的自主权。正是因为上述特点使得高校人力资源管理存在一定的特殊性。

（1）人本性。人力资源管理的目的是促进高等教育的稳定发展。人力资源管理的主体是教师，只有时刻关注教师，才能制定出符合教师发展实际需要的管理制度，消除人力资源管理的阻力，把员工视为高校人力资源管理的宝贵财富，在高校人力资源管理中，教师始终被视为需要保护和开发的资源。

（2）专业性。与企业相比，高校人力资源管理注重教育，企业注重利润，突出了高校人力资源管理的专业性。除了人力资源管理的专业化，管理还可以提高教师团队的分工协作效率，充分发挥各自的专长，使各项教育管理工作更加细致，体现高校人力资源管理的专业化。

（3）互惠性。人力资源管理就像一个驱动大型机器的轴轮，其中高校是"大机器"，教师是这台"大机器"上的"零件"，零件发挥各自的价值，机器前进，让教师在高校教师团队中找到归属感，满足他们的需求，关注教师与高校的共同利益，优化人力资源管理体系，激发教师工作实践的主动性，有利于高等教育的稳定发展。

（4）全面性。高校人力资源管理面向每一位教师，符合高校发展战略，能根据高等教育发展需要进行优化调整，突出相关管理体系的综合性。从教师个人发展的角度来看，高校人力资源管理贯穿于教师的招聘、培训、转岗、晋升、解聘等整个职业生涯。只有在高校人力资源管理体制极其完善的情况下，才能根据高校的发展需要灵活配置教师资源，使教师在自己的岗位上焕发光彩。

（5）交叉性。人力资源管理侧重于跨学科的发展，包括心理学、管理学、经济学、社会学和法学，为有效实施管理目标奠定了基础。因此，高校需要将交叉点作为人力资源管理体系发展的重点，从多方面吸收管理思想和方法，并将其融入高度"校本"的人力资源管理措施中，使高校的人才管理更加有效。

（6）系统性。高校人力资源管理具有综合性的特点。相关规章制度、管理理念与机制处于平行发展状态，使得相关管理制度的铺设区域更加广阔。与系统性和综合性相比较，高校人力资源管理正朝着深层次发展，就像深深的地下根一样。每个根都是一个深深扎根于高校的教师群体，关注高校的教学情况，优化相关管理体系的基础，使高校的人力资源管理更具发展性、一致性和协作性。

（7）流动性。如果把高校比作一座城池，那么教师就是守卫城池的士兵，士兵在战斗过程中会不断流失。通过人力资源管理招募"新兵"。新教师队伍对人力资源管理有不同的要求。在其管理流动性的支持下，通过优化人力资源管理战略，降低青年骨干教师的流失率，优化教师资源配置，提高教师队伍的综合竞争力，预见高校人才流动，充分体现高校人力资源管理的价值。

（8）高价值性。高校是高层次人才的汇聚场所，也是国家创新力的主要力量。高校教师不仅仅要为大学生传授知识，更是知识的拓新者。他们本身接受过专业的训练，知识体系较为严密，并且道德情操高尚。高校师资队伍中很多都是高层次人才，这充分反映出人才的稀缺性及高价值性特征。

（9）时间自由性。根据政治经济学理论来看，高校教师的劳动是一种复杂劳动，用简单的8小时工作时间去评价其工作价值显然是不合理的。对于很多高校教师来说，无须坐班，学校在管理方面也较为灵活松散。除固定的教学时间外，大多数高校教师在业余时间会开展科研工作，而这些研究是很难用简单的计算去衡量的。因此，高校教师的工作时间不好界定。

（10）价值复杂性。就高等教育来说，本身就属于较为复杂的育人工作，需要长期坚持。高校教师的育人职责不仅是讲解新知识，也包括对学生的德育教育。在讲解知识的同时需引导学生建立正确的价值观，学会如何做人。这是很难通过社会价值或经济价值去评价教师工作价值的。教师获得的科研成果也是难以通过经济成本去衡量。可见，高校教师的劳动价值具有复杂性的特征。

二、新时期高校人力资源内涵的界定

社会的不断发展使高校创新型杰出人才的培养已成为世界各国在发展和竞争中抢占社会制高点的关键。于是，高校人力资源内涵的界定也有了新的变化。

（1）结构上的高层次性，个性上的独立自主。众所周知，高校把培养社会各界的高级专门人才作为自己的责任和使命。高校应该是大师荟萃，资深专业人士荟萃的地方。这就是"大学者，非谓有大楼之谓也，有大师之谓也"的真正含义。毫无疑问，高等教育的责任和使命决定了大学的工作必须由社会中的高级知识分子来承担。这些人思想深刻，知识渊博，文化水平高。一般来说，他们拥有硕士或博士学位；有些人专攻艺术，有些人也有在国外学习和工作的经验。高校人力资源教研人员由于其专业素质和水平较高，一般具有高级职称（教授、研究员或副教授、副研究员），进入课堂至少需要中级职称（讲师）。此外，由于高校独特的学习条件和自我完善的社会氛围，高校不断推动人力资源进一步提高自身的专业素质和技能，使其在社会中的主导地位越来越明显。正是由于高校人力资源的高层次结构，在高校的组织体系中，他们崇尚自由，喜欢自主，喜欢独立，不喜欢依附，不想依赖，不想受到社会各种僵硬规章制度的限制和约束。他们渴望有一个紧张的工作环境，真正实现自我价值，得到社会的认可。他们在挑战权威人物、发现新知识、新理论的基础上，构筑人生的乐趣和价值，把创新创造作为人生最大的乐趣，自由自主地向学生宣讲，教学解惑是人生的最高价值要求。

（2）专业上的高能动性，价值上的稀有性。高等院校是传播和探索先进知识的地方。知识的先进性要求高校人力资源具备深厚的专业知识和技能。无论是职业兴趣、职业选择还是职业发展，都要求高校人力资源具有强烈的自主意识，即能够根据社会需要和自身利益积极做出选择；能够在实现自我价值的过程中积极提升自我，创造和抓住接受高等教育和学习的机会，积累专业知识和技能，以提高水平，发展专业，更新知识；结合自己的专业知识，根据社会和国家的需要，自动选择专业领域，积极开展前沿理论热点和实践问题的研究，自动发现和开辟自己的专业研究方向。

高校人力资源具有较强的问题意识和敏锐视觉，具有探索真理和发现新知的悟性和能力，其在自我的专业成长过程中，总是将自己与同领域的知名专家学者进行对比，把他们作为自己学习的模范和赶超对象。毋庸置疑，高校人力资源具有较高的专业素质和专业技能，他们是社会中的精英，是国家和民族稀有的宝贵资源，其价值难以衡量和测算。高校人力资源培养的周期较长，一般要经过较长时间的学习和训练，需要积累丰富的教学与科研实践经验。其本身的成熟也要经过数十年的历练，凝聚着学校教师的心血和汗水，蕴含了单位的培养和期望，囊括了自我的长期奋斗与探索过程，耗费了大量的人力、物力和财力。除此之外，高校人力资源还具有较高的社会价值，他们通过自身的教学和科研活动成为已有科学知识和技能的传播者、民族文化和思想的传承者，也是文化传承创新的主力军，肩负着国家和民族赋予的历史责任与使命，在社会进程中具有不可估量的地位与作用。

（3）劳动上的高复杂性，考评上的高难度。高校人力资源的主体是教师，高校人力资本从本质上来说就是教师的教学科研工作。高校教师的教学科研工作是一项高难度的工作。在教学上，高校教师不仅要了解知识的现实动态，还要结合自己的科研成果，选择有效的知识并构建系统的知识体系，在教学过程中根据特定的教学对象和教学内容，选择适当的教学形式和方法把知识传递给学生。在科研上，高校教师不仅要了解理论前沿、搜索文献资料及进行标本收集，还要进行实地调查、社会实践，在实验室中开展研究，工作的时间和地点较难固定。

高校教师劳动的复杂性还体现在对其劳动过程的监控和评价难度上。首先，由于高校教师的劳动主要是思维劳动，往往不受时间和地域的限制，没有固定的模式和规律，难以对劳动过程进行监控和评价。其次，从高校人力资源劳动成果来看，无论是科研还是教学，都具有很强的后期优势，不能立竿见影，给绩效评价带来很大困难。就教学工作而言，虽然目前国家正在实施绩效评价改革，但只重量的评价标准目前已遭到大多数学者的拒绝和批评，而要实现评估标准对数量与质量的兼顾又不是一件容易的事。目前，我国对高校教师科研成果的评价更是不尽如人意，因为目前的评价模式和标准实在是混乱不堪。由于难以制定公正可行的评价标准来评价教师的教学和科研绩效，目前高校人力资源管理和评价工作难度很大。

（4）市场的高度流动性和需求的多样性。高校人力资源流动是市场经济机制主导下的必然现象。市场在社会资源配置中起着基础性作用，高校人力资源也不例外。高校人力资源是社会中的人，具有人的基本属性，其需求是多样的，包括精神和物质两个方面。高校人力资源流动的基础是人力资本的积累和投资。个人通过接受高等教育实现人力资本的升级，或通过科研成果的积累提高人力资本的数量和质量，从而实现自我价值的提升，产生更多的社会吸引力，实现从低层次到高层次的单向流动。例如，高校人力资源从落后地区流向发达地区，从西部地区流向东部地区，从边缘城市流向中心城市。高校人力资源的流动受到诸多因素的影响和制约，在一定程度上反映了人们需求的多样性。人们渴望更多的发展机会、更美好的生活环境、更好的物质待遇和更和谐的人际氛围。只有在他们喜欢的环境中，他们才能过上更幸福的生活。因此，需求所产生的人力资源流动已成为高校人力资源配置的大势所趋，成为推动或制约高校发展的关键因素。

第二章　高校人力资源管理与组织绩效的关系

知识经济的发展促使高校不断增强竞争力，高校人力资源管理工作通过完善的政策和制度，既能灵活调配高等院校的教学资源，又对高校的组织绩效产生积极影响。在人力资源管理中，管理结构、人员配备、教育资源安排等因素与组织绩效有密切关系。本章通过对组织绩效的简述、高校人力资源管理对组织绩效的影响等方面分析高校人力资源管理与组织绩效的关系及改进策略。

第一节　组织绩效简述

组织绩效就是对一个单位内部的工作人员在工作期间完成任务的水平及多少的定义，高校内部的员工组织绩效水平高就会使学校内部的各项工作更加顺利和高水平的完成。其也是表现一个单位的收益状况和盈利水平的衡量方式。组织绩效在当下的社会中有着广泛的应用，已经成为各个行业使用的一种有效的管理手段。

组织绩效同个人绩效之间有紧密的联系，如果一个企业中的员工普遍个人绩效较差，那么这家企业的组织绩效多半也不好。但反过来引申出一个命题，一家企业中的部分员工个人绩效良好，组织绩效是否一定良好？根据我国多年企业发展过程中的实践经验来看，少数人的良好绩效不能代表组织整体绩效，个人绩效无法通过累加得出组织绩效的结果。

事实上，一部分人绩效良好，可能代表着这部分人能够契合其所被分配的工作任务及所处的工作环境，发挥出个人能力。但其他员工因为各种各样的原因无法适应企业环境，个人绩效平庸。在实践中，无法完全发挥个人能力的员工占大多数，而充分调度企业员工，使他们的工作能力能最大化发挥，并严格遵守企业的规章制度，全员向着同一个目标前进就是人力资源管理工作的范畴。

组织绩效通常是一个目标，在执行过程中被分解为多个工作分配给企业员工。这个环节需要人力资源管理者根据每一位员工的知识结构、专业技能、个人意愿结合工作需要进行分配。如果一个员工被分配的工作恰好适合个人意愿与能力，那大概率这名员工能够拥有良好的个人绩效，如果大多数员工能够拥有良好的个人绩效，则组织绩效的完成是大概率事件。在实践中，对于未能分配到完全契合自身工作的员工，人力资源管理者需要做好沟通，使员工能够严格遵守公司规章制度，以积极的态度完成企业分配的工作。这同样也是提升员工个人绩效的一种方式。

过去很长一段时间内，企业领导层因为不重视人力资源管理在分配企业工作、调节员工个人情绪等方面的能力，造成工作分配不合理，员工个人与工作不适配现象极多，经常无法完成组织绩效，对正常生产经营活动产生负面影响，损害市场竞争力。

事物之间的区别就在于它的特殊性，了解高等教育管理的特点，我们就能遵循它的本质规律，针对性地协调管理活动中的各种矛盾，清醒地驾驭各种管理活动。高校组织绩效的管理特征有以下几点。

（1）目标的特殊性。与企业相比，高校的目标是以更好地培养人才并且着眼于提高人才的质量为根本目标，它不能只追求经济效益更不能以追求利润为目标。那么，在宏观方面，高等教育管理的功能就是要通过计划、组织、协调、控制等使高等教育更加符合社会发展的要求，符合生产力的要求，这种要求表现在教育的层次、结构、规模、质量等方面的目标。在微观方面，高等教育管理要使组织中的每一个成员按高等教育规律办事，更好地完成既定的目标。

（2）资源的特殊性。高校资源的特殊性主要体现在以下两个方面。第一，人力资源的特殊性。从高校管理的主体和客体来看，管理对象由两个方面构成：一是教师，由一群高级知识分子组成的特殊群体，是创造和掌握专门知识的群体，对他们的管理要符合这一群体的心理活动和以个人脑力劳动为主的集体性活动的特征；另一个是学生，是一群 18 岁以上、受过完全中等教育的青年，对他们的管理要符合他们身心发展阶段的特殊性。第二，物资资源的特殊性。从物资资源的形态来看，主要由两种物资形态构成。一是资金的投入产出比。由于教育投资与经费的用途是比较复杂的，有时候不能用绝对的量化管理来处理，有时候投入产出还不能短期内就能见成效，经济回报率可能很低。这就是高等教育经费管理有别于企业管理、行政管理、经济管理等的特殊性。二是教学与科研设备管理的特殊性。高校的这类物资资源不能与企业的物资设备相比，其不能像企业的生产性资源一样可以产生直接效益。高校的这类资源不完全是生产性资源，这些物资设备是建立在教学与科研的功能性质上的，是为了完成教育教学实验、科学研究开发等，既是教学实验设备又是教学实验和科学研究的平台。

（3）管理活动的特殊性。高校不是企业，而是非营利组织。以基本利益原则衡量，它们不是关心所有者投资回报的商业组织，而是服务于学生或整个社会的社会组织。这并不意味着大学管理者不关心或不应该关心实现目标过程中的有效性和效率。相反，大学在其行为中需要企业精神。然而，大学管理者必须认识到大学和企业之间的差异，并在实现其目标的过程中考虑到这些差异。高校的任何管理活动都应以高等教育目标为中心。只有遵循高等教育管理的客观规律，才能顺利实现高校既定目标。徐海燕等学者认为，高等教育的基本规律和特殊性包括两个方面：一是高等教育与社会的协调发展，二是高等教育适应受教育者身心全面发展。高等教育管理必须以这两个方面为前提，以避免高等教育管理与高等教育工作之间的对立和冲突，最终提高管理效率。

高校组织绩效的管理现状也存在一些问题，绩效管理是管理者和教职员工之间在目标设定与如何实现目标上所达成共识的过程，以及增强教职员工成功地达到目标的管理方法及促进教职员工取得优异绩效的管理过程。高校资源的市场化程度和高校之间的资源竞争会日趋激烈，要求各个高校提升自己的核心竞争力。目前，我国高校的管理者已经清楚地认识到高校的核心竞争力、学科发展的综合实力最终都取决于高校能否吸引学术渊博、勇于创新的高水平学术骨干，和是否有一套好的绩效管理模式能够调动一切资源来促进学校的创新和发展。但是，由于我国正处在经济转型的大背景下，原有的计划经济体制下形成的管理模式尚未突破，一些新的模式的尝试与原有的职称制度、工资制度等还存在矛盾和冲突。这些方面具体表现在：

（1）缺乏教师绩效的有效考核机制，导致教学科研的目标不明确，积极性不高；

（2）由于在干部管理上缺乏一套科学而又便于操作的考核办法，对干部难以做出公正、准确的评价，因而打破干部终身制的实际效果并不理想；

（3）在实施教师聘任时，由于近年来高校扩大招生，教师的数量和质量均相对不足，因而许多大学依然按照"教师职称评审"的方式进行，而未能实施真正意义上的教师岗位聘任制；

（4）学校管理机构重叠、管理成本过高；

（5）非教学科研人员比例过大，学校整体绩效低下；

（6）优秀人才，尤其是中青年人才激励不足，薪资水平无法起到绩效提升的作用。以上这些情况或多或少地制约着高校组织绩效的实现，阻碍着高校的快速发展。

第二节　高校人力资源管理对组织绩效的影响

人才资源作为高校发展的重要资源，在高校发展中提供了重要的战略支撑。因此，加强对人才资源的开发利用，发掘人才的潜力，有助于提高高校的教育教学质量，进一步巩固高校高质量人才培养基地的地位。

一、高校人力资源管理对绩效提升的重要意义

从理论来说，高校人力资源管理的内容包括人力资源战略的制定、人才招聘与选拔、人才培训、人才潜力开发及薪酬绩效考核等组织管理活动。开展高效合理的人力资源管理工作有助于最大限度地发挥高校人才的活力创新、干事创业的热情，高校之间的竞争核心就是人才资源的竞争，而只有通过强化高校的人力资源管理，才能为高校的发展提供强有力的人才支撑。在当前的社会中，社会分工越来越细化，完成一项工作不再只靠一个人的力量，更多的是依靠团体的力量和成员之间的协作。因此，组织绩效的评定不能只局限于组织内具体成员的个人绩效能力，而是要通过衡量组织整体的绩效水平来鉴定组织绩效的价值，组织绩效管理水平的高低不强调个人的绩效能力，更多的是依靠组织的资源实现组织的管理目标。

在当今社会的竞争中，高校之间的竞争已经转变为人才的竞争，人力资源管理在吸引、招聘和培养毕业生方面发挥着重要作用。如何最大限度地发挥学术性人才的创造力和主动性，是当前管理活动的重要目标。就概念而言，人力资源管理主要是指整个发展战略成本管理、劳动力资源管理和财务管理等相关活动的管理体系，包括征聘和甄选高校工作人员，对教师的教学水平培训及教师薪酬的管理等。各高校为追求其自身发展目标，通过人力资源管理实践活动评价教师绩效。目前，在社会发展的背景下，大部分组织的目标在于集体与个人共同发展，只有少数组织以牺牲自身利益为代价开展管理活动。

因此，人力资源的管理工作能力发展不仅取决于我们个人的绩效高低，而且与组织的整体绩效水平密切相关。组织工作主要用于评估管理者利用其资源实现组织目标的能力。近年来的研究成果表明，人力资源管理发展水平直接影响企业组织的效率。人力资源管理过程中的各种因素可能影响组织的效率。由于各个高

校所处的发展阶段和所处的环境不同，对其工作和行动方式的影响也不尽相同。在个人层面，个人经济发展在人力资源成本管理中的作用主要是满足高校教师的物质需求和精神文化需求，提高其对自己学习工作场所环境的满意度，进而提高大学教师的积极性和创造力，实现中国高校优质教学组织的设计目标。在组织的整体层面，人力资源管理可以提高整个团队的竞争力，通过实现组织的整体目标来帮助实现个人目标。

二、高校人力资源管理概述

（一）当前高校人力资源管理的现状

目前，许多高校还没有建立起科学合理的人力资源管理体系。人力资源的开发主要依靠职业培训和外地人员的引进。没有科学合理的管理体系，人力资本的边际效率就会降低，难以促进高校和教师队伍的可持续发展。我国高校人力资源管理是建立在传统计划经济基础上的。高校人才虽然是从外部引进的，在干部任免和教师激励方面也进行了一些有效的尝试，但仍然没有完全摆脱传统的选拔任用方式。由于没有科学合理的人力资源管理体系，一些人才被浪费，使得人们很难充分发挥自己的才能，实现自己的价值。在高校进行发展战略规划时，高校人力资源管理规划应该是一个极其重要的组成部分。此外，高校人力资源管理规划也是高校战略规划最终成功的决定性因素。但事实上，虽然各大学的人力资源组织结构相对完善，但在实际运作过程中仍存在一些不足，如人力资源规划不科学、不合理，一些人力资源规划甚至直接违背了大学的战略发展目标。在高校人力资源管理的实际实施中，没有有效的监督和控制，致使高校人力资源规划只谈理论，在实践中没有解决问题，没有发挥有效的作用。

高校人力资源管理可以促进高校内部改革发展，在高校内部形成有效、稳定的竞争激励体系，调动广大教职工的教学积极性，提升高校能力，使高校积极适应社会经济发展。因此，有必要制定科学有效的管理方法，提高我国高等教育的整体质量。人力资源管理在一定程度上起着重要作用。人力资源管理可以营造有利于教学科研和人才培养的氛围，特别是有利于优秀人才脱颖而出的良好氛围。目前，在人力资源管理方面，高校可以从战略发展的角度对人力资源管理进行科学定位，同时将引进、培养、管理、维护等环节有机结合起来。

在高校运作的过程中，不难发现很多高校的人力资源管理部门与各个高校部门处于同一水平。高校人力资源管理部门往往独立存在。管理部门对校内人员的认知只是在招聘阶段，所以很难对各个部门的人员有一个全面的了解。很多高校把人事考核和晋升权利直接留给了各个院系，让人力资源管理部门成了摆设。人力资源管理部门在制定相关规划时难以满足各院系的实际需求，可能导致高校发展后劲不足。

如果在大学内部没有建立一套合理、科学的规划，大学将难以持续吸引人才。制定一个长期科学的人力资源管理体系非常重要。相关管理者缺乏长远眼光，校内的人力资源管理也流于形式。高校要想拥有高素质的人才，取得更好的办学成果，就必须做好人力资源管理工作。很多高校在这些方面做得不够好。现实情况往往是，高校在引进高层次人才时，更注重如何让他们更好地发挥最大作用，却不重视后续的培养工作。有些领导者不培养人才只是因为他们害怕失去人才。这种做法实际上非常不利于高校的长远进步和发展。有关领导必须认识到，提高人才水平是高校进步的关键因素。

同时，高校要重视师资培训，这直接决定了教师的水平。目前，高校在培训教师时，大多选择培养各专业的骨干教师，这使得很多教师没有培训机会。另外，由于资金和环境的影响，许多高校只把教学较多的教师列为培训对象。对教师的学习培训不仅导致不公正，而且使许多教师难以跟上时代的步伐并逐步提高。

（二）高校人力资源管理与组织绩效的欠缺

目前，高校难以实现各类人才的真正合理配置和合理使用，不能有效引进人才，缺乏科学有效的人力资源开发和管理绩效考核评价体系。高校教师文化价值高，高学历、高职称人员相对集中。他们注重追求高层次的精神需求。相对而言，高校在进行人力资源管理时，更应注重教师的精神动力。人力资源管理的概念相对落后。高校人力资源管理实践可分为职业生涯规划和职业路径两个部分。职业生涯规划是指为具有巨大发展潜力的成员设计自我完善、自我培养和自我发展的规划方法。人力资源的行政配置，特别是许多高校的人力资源管理者仍然保留着传统的人事管理观念，跟不上时代的潮流，一些教师会感到心理压抑，工作缺乏激情。此外，随着改革开放的深入，以市场经济为主导的社会主义经济发展模式不断完善。我国高等教育人力资源管理改革也将滞后，往往注重形式，滞后措施。由于观念落后，人力资源的配置也会导致一个学科的教师过剩，而另一个学科由于人员分配不协调而出现教师短缺。

高校组织绩效管理可以说是高校的一项重要工作内容。此外，高校组织绩效管理也是评价高校组织内教职工工作质量和评价高校组织内教职工工作效率的有效依据。高校依据现有比较完整、系统的高校组织绩效管理理论和高校组织绩效管理方法，完成对全体教职工工作内容和工作效率的评价考核。在一定程度上可以说，高校的人力绩效管理充分体现了员工的工作价值。科学合理的组织绩效管理机制可以帮助高校在管理上充分实现合理有效发展的目的，从而提高教职工的工作效率，最大限度地实现组织效益。

目前的高校人力资源管理理念比较陈旧。但是，在现实的绩效管理工作过程中，评价研究结果也不是衡量企业管理人员绩效的唯一标准。如果从这个角度评估效率，就会使高等教育院校的管理产生一种误解，即绩效结果应该是综合的，教师关注的应该是教育的过程和教学目标，而不是考核结果。目前，高校人力资源管理的瓶颈在于缺乏一套针对性强、适应性强的多维度绩效考核方法，缺乏系统的基础理论和实践方案。

高校人力资源管理体系不完善。在绩效考核方面，高校教学目标不明确，人员信息管理制度不完善，高校对员工的任务布置不具体。高等学校应根据个人和组织工作目标的实际情况，采取不同的工作制度，以评价工作人员在工作中的综合能力，但不得设置具体的绩效指标。有些学校利用评奖评优，将功利心理与基于绩效水平的教育目标整合在一起，这种功利方法不会提高学校的教学水平，因为不同职位的员工在工作目标上没有显著差异。

人力资源管理对高校工作组织推动有所欠缺。在管理过程中，存在管理理念落后、人力资源配置不合理及人力资源激励机制不合理等问题，且考核机制也不够完善，考核内容过于单一，容易引发徇私舞弊等不良现象。根据高校管理人员设置的教育发展模式，不难看出人力资源信息管理对工作组织的影响，人力资源管理在一定程度上有助于优化高等教育院校的人力资源配置，提高高校自身的整体管理水平和竞争力。通过管理人员培训、员工绩效考核、教师素质考核等方式对教师绩效进行科学分析和个人评价。为了实现资源整合的目标，特别是在绩效管理体系中，高校可以通过引入先进的人力资源管理理念，有效地提高其组织的效率。

三、高校人力资源管理对组织绩效的具体影响

（一）提升教师水平提高竞争力

对高校教职工的定期考核、教学质量的评估等进行科学分析和判断，从而对教职工等师资力量进行有效调整。当前的竞争环境越来越激烈，高校之间的竞争

归根结底是人才的竞争。做好高校组织绩效管理能够提升教职工和学生的执行能力，使得教职工明确自身工作进程，集中精力，使得对教职工的教学工作激励成效显著，教职工的工作积极性提高，从而提升高校人才的建设工作质量。

因此，高校的组织绩效管理必不可少。高校人力资源管理在探索中不断推进。高校组织绩效评价可以有效发挥人才的最大利用效率，提高全体教职工的综合素质。高校人力资源管理与企业人力资源管理虽然存在差异，但两者也有一些相似之处。人力资源管理就是将人力资源作为一种资本来衡量，研究如何运用适当、合理的管理方法，使这种资本的价值最大化。与其他类型的资源一样，高校在招聘人才的过程中，也在争取选择高能力、高素质的高层次人才，虽然我国人口基数巨大，但高能力、高水平的高素质人才仍然是稀缺资源。做好高校组织绩效管理工作，也可以规范高校管理，吸纳高素质、高水平的人才，从而提高教学质量。随着教学质量的提高，高校的核心竞争力将增强，因此高校人力资源管理发挥了至关重要的作用。通过实施高层次的人力资源管理，可以有效加速组织绩效的提升。

（二）合理配置资源提高绩效水平

在高校人力资源管理中，人力资源的合理配置尤为重要。人力资源管理要以人为本，物尽其用。高校必须提出合理、科学、有效的资源管理方法，合理利用高层次人力资源，充分发挥人力资源在高校组织绩效中的优势。不同的人有不同的优势和特点，他们的能力水平也不同。高校要让每个人在自己的岗位上充分发挥自己的优势和特点，努力做到人尽其才，物尽其用。要做到这一点，我们需要两方面的努力。一方面，每个岗位的应聘者都要充分考虑自身的优势，结合自身的能力和兴趣，选择充满工作热情和期望的职位。此时，考生的能力是与所选大学职位匹配度最高的。另一方面，优秀的高校教师招聘人员也应该有独到的见解，做出合理的决策。根据应聘者的信息，实现人力资源的合理配置。每个人的能力水平应该与他即将接受的教师职位相对应，以避免道德不匹配和名不副实的现象。他们必须取长补短，使每个应用岗位的教师都能充分发挥自己的优势，在自己的岗位上大放异彩。

（三）完善激励机制提高绩效水平

高校建立合理的教职员工激励机制是人力资源管理部门极为重要的内容和手段之一。教职员工的业绩水平和竞争力与高校是否有效地实施和完善激励机制有着直接的关系。高校的人力资源管理部门应做到物质领域和精神层面激励相结合，以公平、公正、公开为前提，激发教职员工的工作热情，从而取得良好的教学水平，提升高校核心竞争力。

目前，我国很多高校在人力资源管理方面实际上做得不够好，在管理过程中没有突出人力资源管理对组织绩效的影响。目前，高校很难做出有效的激励措施，会产生一定的不利影响。一些高校只注重科研水平的提高，没有把教学活动放在非常重要的位置，使得高校的科研水平与教学质量严重不相符。要有效解决此类问题，还应从激励措施入手。高校要根据教学水平对教师进行奖惩，对部分优秀教师进行奖励，对教学质量低下的教师进行相应的处罚，可以保证提高教师的积极性，提高教学的整体质量。

（四）有效管理资源提升社会满意度

高校人力资源管理可以增强群众获得感，提升社会满意度。高校在工作中应该尽可能地扩大参与体制管理的对象，提升一般教职员工的参与度。当普通教职员工的参与度提高时，他们的主人翁意识也就随之加强，他们会更加关心学校的未来发展，增强自己的工作责任心，这样才能发挥他们的主观能动性，提高教学质量，促进学生综合素质提高。当管理取得有效收益时，社会满意度将会不断提高。高校人力资源管理在组织绩效体系中受到某些因素的影响并不明显，则对组织绩效的影响也较小。采用不恰当的激励机制，反而会对社会满意度、群众获得感产生一定的负面影响。例如，当学校对科研过于重视时，那么教学活动就会被忽略，如果教学和科研的激励体制仍然没有达到一定的平衡，那么教职工就可能会将精力投入科研方面，造成教学质量下降，同时，学生的综合素质也就难以提升，甚至可能会下降，最终造成一系列的连锁反应。

（五）提升教师满意度影响管理水平

想要提升组织绩效水平就必须提升教师对工作的满意度，学校人力资源管理部门应该提升教师对工作的整体满意度，可以对人才的薪资进行提升或者是经常举办一些培训活动让教师感觉到自己在成长，对各个环节的人力资源管理制度进行有效的创新。如此一来就可以提升教师对工作的满意程度，使得高校教师在进行工作时可以更加积极主动，教学的整体质量就会逐步提升，学生的学习水平也将会得到逐步提高。

四、通过高校人力资源管理提高组织绩效的策略

（一）与高校战略相适应

高校的人力资源管理工作要与高校的发展战略相一致，实现两者目标的一致性。因此，高校要结合自身的战略规划、内外部环境等实际情况，建立符合自身发展需求的人力资源规划。例如，从战略规划的角度，高校要找准自身的定位，分析自身的办学结构及办学规模。首先从办学定位来说，要根据国家经济发展的远期规划和近期目标，分析社会需要的相关人才及数量规模，并综合考虑学校自身的人力资源情况及国内相似高校的具体情况，对比自身在竞争中的优劣势，从而分析出未来的发展方向和发展空间。其次，就高校的办学结构而言，其决定了高校在教学资源方面的配置比例，故成为决定高校人力资源战略的重要基础。

从高校的人力资源内外部环境分析来说，对高校内部的环境而言，学校要从学科建设、招生率及毕业率的具体数据出发进行分析，分析出高校对应的教辅人才储备、管理人才储备方面的需求变化。比如，高校针对研究型的人才战略规划，要以增加和补充创新型人才的数量为主，并辅助以培训等手段为规划的重点，重视这类人才的职业生涯规划，建立和谐的劳动关系，并着重以内部培养为主，外部引进为辅的方式进行队伍的建设，最终确立针对研究型人才的人力资源规划方案，并与高校的发展战略保持一致。

另外，高校也要从财务预算的角度出发，根据预算报批的额度开展相应的措施，如对于预算批复的额度较多的，可以引进一些具有较高学术水平的师资队伍，并给予丰富的岗位津贴及其他安置费用。就高校的外部环境而言，高校需从经济环境的变化、生源的变化及就业方向和就业率等方面进行认真分析，建立与市场相匹配的人才培养方向和适度的人才培养数量，从而更好地应对社会需求的变化。这样，高校通过找准自身的办学定位，制定合理的战略规划，并认真分析高校的内外部环境，从而使得高校的人力资源管理规划得以和高校的战略规划保持一致，促进组织绩效的更好实现。

（二）完善高校激励机制

人力资源的管理需要从规章制度这个顶层设计着手加强，通过不断完善相应的人才激励机制和绩效评价体系来提升高校的组织绩效工作。从建立高校的激励机制而言，高校可以从人才培训、内部晋升及薪酬激励三个维度开展工作。

就高校的内部晋升而言，高校不仅要把人才吸引过来，更要想办法把人才留

住，发挥出人才更大的价值和潜力。但是现实中不公平、不公正的内部晋升渠道使得高校流失了很多的优秀人才，因此，高校要努力健全高校内部晋升机制，让内部晋升机制成为激励员工向上拼搏为高校做贡献的动力源泉。就具体的拓宽教职工晋升渠道操作而言，高校可以取消过去传统的职称评审体制，而改为根据岗位编制情况、师资队伍结构及比例、教学和科研情况来直接聘任所需要的人才，从而化解职务终身制所导致的激励不足的弊端，让真正有能力、有热情、有干劲的教师得以脱颖而出，从而激发全体教职工的活力和积极性。

就薪酬激励而言，高校既要有正向激励也要有负向激励。高校只有拥有了健全的薪酬激励体系才能吸引、留住更多的优秀人才。对外，有竞争力的薪酬体系可以吸引更多的学术水平高的人才加入高校中；对内，良好的薪酬激励不仅有助于稳定高校的教职工队伍，还能充分调动起本校教职工干事创业的热情。此外，根据现代薪酬理论，高校除了要对教职工进行物质上的奖励如工资、奖金及其他福利，还要落实补充精神奖励，如提供晋升优先考虑的机会及优先安排培训的机会。同时，高校也要注重负向激励的正确运用，比如可以在日常行为规范中明确：上班迟到或者早退扣绩效 30 元，让所有的在职员工都能在内心形成遵守规章制度，按章办事的理念，从而让广大教职员工可以在自觉或者不自觉的行为规范中认可负向激励的约束，为高校的整体组织绩效管理提供良性循环的示范。

最后，在高校的人才培训体系健全方面，目前虽然我国各省市的高校已经逐渐开始重视对教师的培训，并在培训的方式方法、内容方向上都趋于完善，但是培训的考核评估及应用的工作仍不尽如人意。因此，首先，高校的人才培训体系要基于有效的绩效考核之上，分层次进行人才的培训，针对有培养价值和培养前途的科研型人才要安排接受高水平的培训；而针对工作中能力有限，但是对待工作比较认真负责的教学学科人才，则可以安排接受系统性的一般培训，加强学科方向领域的专业能力，以期提高其自身学科的教学水平。例如，当高校内有出国培训及学位学历进修机会的时候，要综合考虑教师在平常工作中的表现及教学成果，有计划地规划学校的师资队伍，选拔其中对高校发展有培养价值、符合高校远期人才目标规划的教师出国深造或者进修。其次，要加强针对教师的培训激励考核，及时地进行督导和检查，掌握其对培训的具体情况。比如针对能够如期完成各项学习培训计划并符合预期培训效果的教师，要及时兑现相关的物质奖励承诺；而对于没有如期完成的教师则可以要求其自己缴纳培训的费用。

（三）提升选拔分配机制

高校要重视教职员工的选拔及有效分配工作，高校教职员工的选拔和配置过程，换言之就是工作和人的匹配过程，只有合适的人到了合适的岗位才能最大限度地发挥相应的价值，因此完善教职员工的选拔并进行有效分配是提高高校组织绩效的重要途径之一。高校在制作招聘方案时，要对学校各二级学院的职位空缺情况进行详细调研，并明确高校人力资源开发及管理的主体。

首先，人力资源管理的部门要跟高校内各二级学院的院长进行沟通，尤其是高校的教师招聘工作开展之前，院长要参与其中，为人资部门提供所需人才的具体要求，并对工作内容和职位要求进行详细描述，使其更加具有针对性，更加符合该学院的学科建设需求。之后，人资部门的人员要在认真收集汇总各学院报批上来的人才需求后，结合学校的整体战略规划，将高校的战略目标分解并落实到各个二级学院中，由人资部门统一编写岗位招聘说明书，制定合理的人力资源招聘规划，根据当前的预测分析数据，结合未来学校发展的战略规划，为高校的可持续发展提前做好预案，从而可以有效应对"突发事件"带来的人才引进困难。

其次，在高校的招聘管理进行过程中，高校要做好挑选甄别的工作。比如在进行学科带头人的招聘过程中，如果高校选对了人才，这个人可能就可以带出来一个优秀的学科建设团队；而如果挑选的人不合适，则可能使得原本积极向上的科研队伍走向下坡路，毁掉一整个学科的建设工作。另外，高校在人才招聘初始阶段，就要注重考察应聘人对学校的价值认同感及奉献和忠诚的精神。在双向选择的招聘时代，高校在选择人才的时候，人才也在进行学校的挑选，只有招募到符合学校价值观的人才，人才同时认可学校的文化，高校和人才双方"志同道合"，人才才能留得住、用得上。在招聘中，高校还要注重招聘的细节审核，要对应聘者的材料进行认真审核，开展相应的背景调查，做好考核和体检的安排工作，并着重做好招聘活动的策划，积极营造良好的气氛，展示高校的精神风貌和学校形象，从而吸引到更多的潜在高水平高层次人才。

再次，高校发展的关键是教师，所以高校在进行管理时，必须做好教师的选拔工作。人力资源管理部门要做好选拔制度的创新和完善，选拔教师要有严格的依据和标准。选师的目的是培养更好的学生，让学生有正确的价值观和扎实的专业课程基础，这些只有在提高教师水平的基础上才能实现。最广泛使用的选拔方法是根据教师的教学水平和科研成果。对于当前高校教师来说，科研水平不仅是提高教学质量的关键，也是最新科学发展的需要。在人才选拔中，根据教学科研水平选拔教师，评定职称。教学水平往往是软指标，难以有效衡量和比较，但科研成果是硬指标，具体且可见。在实际教学中，教师的科研水平较高，教学水平一般不会太差。但是若只关注教学水平，则不一定。

最后，在高校招聘后的人力资源管理工作中，高校要抓好人才的培训开发工作。比如，院长对本学院的重点工作情况是最有发言权的，应由院长来制定人才的开发计划，按照高校教师的职业发展规律，教师的发展阶段可分为准备期、发展期及成熟期，而刚招聘回来的通常属于准备期，对处于这个阶段的教师要开展大量的岗前培训工作和拓展培训工作，尽快地帮助新教师融入教育教学的环境中，让新教师可以快速地感受到归属感，并形成一定的忠诚度及对高校的奉献精神，从而以最快的速度让这些新教师形成战斗力，适应高校的岗位建设需求，为组织绩效做出贡献。

（四）营造良好教学氛围

高校的氛围是保证教师热情和整体教学质量的关键，教师在教学的过程中若是没有一个良好的氛围就难以将知识有效地传递给学生。学校的相关管理者应当对教学的环境进行重视，对硬件设备进行及时的更新，有些老旧的设备其实不利于教师的教学正常开展，这样将会导致学生注意力不集中，使整体的教学质量下降。

（五）提高认知程度

在加速发展的市场中，许多企业可能会对员工的工作性质和绩效能力进行排名通告，而一些高等学校也有自身独特的管理特点。这些管理制度目的是在管理体制、个人成就和组织目标之间建立统一发展方向，使员工在工作中有独立的意识和主动性，全身心地致力于工作，实现优质服务。针对高校员工优化企业绩效管理，不仅仅是中国社会发展的要求，也是教师和工作人员需要具备的责任意识。

高校要为他们提供个人发展前景和发展空间，进而推动高等院校教学工作进程。这种宏观调控是市场机制的产物，高等学校教师的教学工作必须符合专业发展规律，积极适应我国高校机制，适应社会发展和跨学科培养的需要。在现实中，高校人力资源管理的特点是将教师组织团体的创新能力纳入职业教育和培训的新方向。虽然很少有关于人力资源管理绩效评价制度的规定，但缺乏这种管理机制可能导致人力资源的浪费。加强高等教育发展的实施，对高校人力资源绩效管理提出了更高的要求。

（六）加强人力资源管理战略

根据高等教育发展策略，制订科学的人力资源管理计划，进一步提高高等教育机构的组织效率。高等教育的人力资源管理和科学管理水平，直接影响人力资源管理的水平。在高等教育阶段，高校可以有效地实现自己的发展战略和目标，通过实施就业制度来解决当前的问题。为了更好地保障企业人力资源信息管理战略的一致性和有效性，高校管理人员应该制定一个科学、公平的管理方案来进行人力资源规划。与此同时，应事先从制度方面提供保障，改进组织绩效管理和高校学生发展战略分析。

高校要通过规范管理机制和程序，建立基于组织、有效率的人力资源管理机制和程序，增强教师的主动性和创造性。第一，高等教育机构应建立和完善激励机制，以刺激现有的人力资源，如内部晋升和培训机制。第二，在高等院校人力资源绩效管理中，建立和完善奖励薪酬管理制度，进一步促进教师工作团队的稳定发展。此外，高等院校还可以通过建立适当的惩罚机制，保证教师之间进行公平竞争。高等教育在高校教职工发展中起着主导作用，有利于提高高校教职工的整体素质，挖掘其教育潜力，促进高校创新。

（七）深化绩效管理改革理念

高校在优化绩效管理过程中，应注重双向沟通和有效交流，构建良好的管理体系，正确认识到自身定位。构建高校教师能量资源管理体系，需要考虑高校教师作为教育工作者在工作岗位上的特殊性。第一，高校绩效管理方面的教学过程中，管理者结合高校自身发展战略目标，开发人力资源中教师的教学技能，制定学校建设的发展目标，通过绩效评价提高并转变高校核心竞争力。第二，在实施绩效管理中，高校应该为每个教师制定一个明确的目标和发展的方向，在绩效评价中，教师会非常重视整个评价过程，所以高校更应该优化学校管理，通过对全体教师的绩效评估，进而实现高校人力资源管理的发展目标。

（八）完善考核体系

高校绩效管理人员应建立健全考核体系，转变固有观念，以人为本，建立科学的考核指标体系。高等学校教师是教育工作方面较为专业的人力资源，不应局限于传统的人事管理控制体系，而应被视为一种社会重要资源，其价值应该因科学管理而实现最大化。在这种理念指导下，所有的人力资源管理体系都要以工作人员的兴趣和发展为基础，在各种形式的人力资源管理中，积极管理和提升自己的能力，使其能够充分地迎合高校对优秀教师的需求。只有这样，才能调动教师在人力资源信息管理工作方面的积极性，才能实现高校和教师共同追求的资源管理目标。首先，通过广泛的宣传教育活动，深入讨论教师绩效考核的最终评价，并动员高校全体工作人员参与全面系统的考核计划，充分接纳一线管理人员和一线教师的意见。其次，在建立高校绩效管理制度体系的过程中，高校的管理人员必须以人文基础、专业技术及职业发展为目标，建立和谐的评价机制。

第三章　高校人力资源组织绩效管理

高校人力资源管理作用于组织绩效的目标，影响高校整体管理水平。高校组织绩效是高校教学和管理任务完成的数量和质量情况，能对教师、学生产生积极影响。高校组织绩效的实现应建立在提升教学质量、教职工人员实现个人理想的基础上。本章从高校教师、高校管理人员、高校教辅人员和高校辅导员的绩效管理等四个方面讨论组织绩效管理体系中的问题与对应优化措施。

第一节　高校教师的绩效管理

随着高校的不断扩招，我国各大高校的整体规模在不断扩大，使得高校教育更为普及的同时带来了诸多问题，如学生质量有所下降、师资力量不足、教学质量变差等。为了能够更好地解决这些问题，各大高校积极采取各项举措，大胆创新改革。其中，加强高校教师绩效管理工作就是一项重要的举措。对于一个组织来说，想要实现组织的发展目标离不开组织成员的绩效表现，而想要绩效表现得到提升离不开科学有效的绩效管理方法。对于高校来说，想要解决高校师资力量、学生质量及教学质量等相关问题，需要做好高校教师的绩效管理工作，不断提升教师的绩效表现，从而更好地解决高校教育中存在的一些问题。

绩效管理在高校教师管理过程中发挥着重要的作用，也决定着教师对单位的忠诚度与满意度，同时调配着教师工作态度的积极与否，更是教师流失的一个重要因素之一。目前，多数教师认为当下的绩效管理制度不够公开、公平、公正，下文主要针对当下高校教师绩效管理制度存在的不同类型的问题进行针对性的分析和研究，并结合具体情况采取行之有效的措施，最大限度地提升教师工作过程中的自主性和积极性。

一、高校教师绩效管理体系中存在的普遍问题

（一）认为绩效管理等同于绩效考核

其实有很多高校教师并没有理解什么是绩效管理，什么是绩效考核。总是简单地认为绩效管理就等同于绩效考核。这种想法就会导致很多高校教师忽略了自己的职业发展和高校整体发展之间的联系，而且因为缺少高校管理者与高校教师的双向沟通，反而会破坏高校教师的绩效管理，使得高校教师的绩效管理只是一种浮于表面的绩效考核形式。对于人力资源绩效管理而言，很多高校只是把绩效管理等同于绩效考核，以考核方式来开展所有的管理工作。然而在如今的绩效管理中，绩效仅作为绩效管理中的一部分，不可仅凭考核标准来对教师的整体绩效水平进行评估，若仅从这一角度来开展绩效考核，则会造成高校人力资源绩效管理形成始终过于关注结果、忽视过程和目标制定的现象，从而导致在具体工作中无法给予教师有效的优化指导，使得教师无法找到自己的不足和薄弱点，最终难以实现自我提升和发展。

1. 绩效管理与绩效考核的内涵

绩效考核的含义是指在一个绩效考核的周期内，为了督促成员能够完成某一个绩效目标，而对该员工工作状况进行考核的环节。绩效管理的含义则是一个完整系统的信息获得与管理的过程，也就是说，绩效考核是绩效管理的一部分，但除绩效考核以外，绩效管理中还包括绩效目标的确定、绩效激励的办法等内容。

2. 绩效管理与绩效考核的联系

绩效管理与绩效考核的联系其实就是一个全面与局部的联系。一个完整的绩效管理过程有四个步骤，分别是绩效计划、绩效沟通、绩效考核及绩效诊断，所以绩效考核只是绩效管理过程中的一部分，当然也是绩效管理过程中比较核心的内容。

3. 绩效管理与绩效考核的区别

虽然绩效管理与绩效考核只有两个字的差别，但其实绩效管理与绩效考核是完全不同的内容，它们有着非常多的区别。比如：从过程的完整性来看，绩效管理是一个非常完整的过程，而绩效考核只是一个完整过程中的其中一个环节；从侧重点来看，绩效管理既注重过程也注重结果，但绩效考核只注重结果；从管理方法来看，绩效管理是一个双向沟通计划式的管理过程，而绩效考核是管理层对于成员一种单向的判断式评价。

（二）考评机制缺乏科学性

高校在对教师进行绩效管理时往往把工作集中在绩效考核上，而忽视了绩效管理过程，更有甚者是把绩效考核等同于绩效管理，最终导致绩效管理流于形式，只是一个表面的摆设而已；重视数量轻质量，在绩效管理的过程中，片面追求量化的指标，而不想多投入时间与精力去追求高质量的绩效及成果；最后就是重结果轻服务、重领导轻沟通，即使领导不是该专业该领域的范畴，但是只要提出质疑就要落实，而专业教师就得按照此质疑进行修改订正，教师作为被评价者并不能从中了解自己在工作中存在的问题，又该如何改进。

我国很多高校在人力资源绩效管理过程中，所采用的绩效考核模式都较为单一，主要体现为：着重考核教师的专业知识，没有展示出教师的综合实力；而教师之间的专业知识水平与侧重点存在一定的区别，故而需要结合教师的具体情况来采取适宜的考核方式。同时，高校人力资源绩效考核方面还存在考核方式不科学、笼统、考核制度不合理等问题，这就会影响教师综合能力与知识技能的提升，还会在一定程度上造成学校资源的浪费，从而破坏了高校的资源储备，并阻碍了高校的发展。

（三）绩效管理目的不确定性

绩效管理在制定与实施过程中，首先要与高校发展的战略目标相吻合，并且具有以下三个目的：衡量比较目的、行为导向目的和培训开发目的。目前，高校对于教师进行绩效考核的主要目的是利用绩效考核结果来评定教师的工资水平、决定教师晋升及对教师是否评优评先的条件等。此考核体系的主要依据是教师过去一段时间内承担的工作职责、取得的工作成果。目的不是促进教师的提高与改进，而是为了考核而考核。

很多高校教师的绩效管理目标仅仅是对于教师最基本的工作情况进行一个绩效考核，并将这个结果作为教师工作情况评价的主要依据。这种目标不明确的绩效管理很容易造成因为高校教师缺乏对于考核目的的认知，往往达不到这个绩效管理目标，使得绩效管理应用没有发挥出最大价值，甚至有可能会出现反激励的效果。

（四）绩效考评结果缺乏反馈与沟通

现阶段，在高校教师人力资源绩效管理工作中，绩效考评方面具有一个突出问题，即管理者与教师之间缺乏有效的沟通，主要体现为：在整个绩效考核过程中，教师都处于被动地位，无主动权，也无法准确和全面了解考核内容、标准，从而导致教师无法充分展示自己的实力，管理者也无法了解当前人力资源绩效管理存在的问题，不能对症下药，最终严重影响到绩效管理的效果；管理者忽视对教师具体情况的考核，无法获得真实有效的反馈信息，这就大大增加了教师后续工作的难度；高校绩效考核不够严谨和科学，无法充分体现出教师具体工作中的问题，这就难以提升教师的工作业绩，也就难以促使教师发挥出自身的创造性与主动性，从而难以提升高校的竞争优势与教学水平。

绩效管理是围绕制定目标而采取的管理过程。其一，绩效考核不仅是一个结果，更重要的是在考核过程中起到的指引性与导向性。一些高校的管理者只片面强调结果和制度的权威性，很少与教师进行正面的沟通与交流，征求员工的意见与看法，仅把教师作为一个管理和考核对象。其二，考核的目的是发现问题，指出问题的弊病，帮助教师提升个人能力与素养，实现个人既定目标，进而完成整体目标。在现实中，往往出现教师个人发展与学校发展相脱离，绩效考核成功与否不仅取决于考核本身，在很大程度上还取决于相关的考核过程。

缺乏沟通是目前我国高校在进行绩效管理过程中非常常见的问题，很多时候都会出现教师在进行绩效考核之后单方面收到一个考核的结果，却不知道为什么是这样的考核结果，也不知道考核的方式与依据是什么，这就会导致很多教师可能对于绩效考核的结果存疑，甚至会出现影响绩效管理开展的一些问题。

（五）绩效管理只重视结果

目前来说，很多高校教师将绩效管理与绩效考核混为一谈，所以绩效管理的方式与绩效考核一样都更注重结果，而不去考虑其中的过程。这种重视结果、轻视过程的绩效管理方式，有一个最明显的弊端，那就是因为缺少了对于过程的监督，导致在最后进行绩效考核的时候，高校管理者很容易因为一些单方面的情况而评价出误差较大的结果。

在高校人力资源绩效管理过程中，将绩效考核结果当作唯一的评定依据，把教师的工资与考核结果直接挂钩，过于注重物质需求而忽视教师的精神需求。在现代人力资源管理中，需要对学校的发展战略目标进行综合考量，给予教师更多的人文关怀，若绩效考核结果使用不合适，忽视教师精神层面的需求，仅仅借助考试压力来促进教师前进，将会在很大程度上打击教师的主动性与热情。同时，由于高校与高校之间环境存在很大的差异，在工作的要求与性质上有着较大的区别，所以在绩效考核过程中需要根据不同部门和不同专业的教师采取不同的方式，再结合不同的考核结果加以针对性地管理，若没有做到这一点，将会大大影响教师的工作积极性。

（六）绩效管理指标设置不合理

很多高校在为高校教师进行绩效管理指标设置时往往会选择"一刀切"，而不是针对每一个高校教师或者每一个学科的教师来确定绩效管理指标。这种"一刀切"的绩效管理指标设置得非常不合理，毕竟每一位教师的经验、每一位教师的授课方式都有着非常大的区别，所以在进行绩效管理指标设置的时候，一定要有针对性，因人而异。另外，还有一些绩效管理指标设置的是合理内容，但是不同内容所占据的考核权重不合理。比如会出现明明一些可以供教师操作的硬指标占据的权重比较低一些，不受控制的指标反而占的权重比较高，导致每一次高校教师绩效考核的波动都比较大，无法给到各位高校教师一个确定的考核标准。

二、优化高校教师绩效管理的相关对策分析

（一）树立全新的绩效管理观念

第一，明确高校教师绩效管理的特殊性。在市场经济背景下，大部分企业均是依据自身的工作性质与社会角色来开展多层次的差异化人力资源管理，然而高校教师存在一定的特殊性，即要达到工作过程和自我实现、工作主动性和工作自主意识、精诚服务与开创精神的统一。基于这一背景，在高校教师人力资源绩效管理优化过程中，除采用经济手段来激发教师的主动性外，还应以教师的特殊性为出发点，注意培养教师勇于承担风险的责任意识与坚韧的品格等，鼓励其奉献于教师事业。

第二，更新绩效管理理念。对于高校教师人力资源绩效管理的优化，需要结合自身发展特点，以高校未来的发展目标和教师的个人行为等为出发点，制定科学有效的绩效考核定位，以此来为高校后续形成核心竞争力奠定良好的基础。同时，高校应制定清晰且正确的绩效管理目标，并将这一目标传递给每一位教师，让教师在发展过程中能够明确绩效考核的重要性，且明确绩效考核的具体内容，从而构建与高校未来发展相契合的考评体系。另外，对于教师的绩效考核，既要注重对其个人绩效的评定，还要注重对过程、目标、反馈等方面的评定，进而让教师能够真正认同绩效考核管理。

（二）绩效评估体系设计的原则

1. 公平公正原则

高校教师的劳动具有多因性，不仅包括学生，还有同行与领导的影响，在考核过程中对学生的考核要以多定量少定性、多准确少模糊为主，把考核的结果直接反馈给教师，看哪些方面还存在不足需要改进，下一步把不足的工作弥补，提升学生的满意度；而对于同行与领导的考核，可以通过间接的方式给予反馈，主要体现在专业技能、专业知识、教学方法、教学技巧等，可以通过观摩课、优质课等途径进行提升，通过对比找到差距。此反馈应该及时地传送给教师本人，而不是在期末考核时给予公布，从而影响教师内心的不平衡与不公正。

2. 高校教师绩效管理具有特殊性

高校教师绩效管理的过程中，不但高校教师本身具有特殊性，高校本身也具有特殊性。高校教师在工作内容与性质上具有特殊性之外，高校教师在实现自身价值的同时，要注重社会需求和自我实现的满足、重视名誉、学术地位等，强烈期望得到社会的认可与尊重，同时在其劳动的过程中要求共性与个性相结合，处理教学、科研、管理外，教师的劳动更体现在个性化与特色化，每个教师都有各自不同的风格与方法，同时教师本身的道德观、阅历、价值观、学术精神等无不映射到其劳动过程中，所以大学教师的劳动是共性与个性相结合的有机体。

3. 教学、科研、服务社会职能相辅相成

高校教师的主要职能也体现在教学、科研和服务社会三个方面，其中教学是教师最基本的职能，对教师来说，教学是教师的首要职责，除传授专业知识外，还要帮助学生发现自己的兴趣与擅长领域，积极引导创新精神和实践能力；科研工作是教学工作的辅助环节，更是一种直接与间接反映教师创造价值的复杂的脑力劳动，具有迟效性的特点，需要长时间的积累与投入；服务社会是教师将科研工作和企业的实际需求有机结合，帮助企业自主创新、管理创新、方法创新的提升与提高，帮助企业提高效率、节俭开支、创造良好人际沟通交流环境、树立良好企业形象。根据上述职能，高校教师的绩效考核是具有一定弹性空间与动态变化的，在选择指标时应灵活把握，使得考核结果能够对高校教师的工作产生积极有力的激励和监控作用。

4. 公开、公正、公平应用考核结果

在绩效考核体系设计中没有充分考虑利益相关者的利益诉求，忽略了利益相关者间的平衡。高校目前考核结果的使用不充分，大多停留在与薪酬挂钩的基础上，对教师的激励手段与内容单一，缺乏层次性与需求性，更是缺少对教师个体发展的引导与成长；结果往往在期末或期中考核要上交考核结果时才匆匆而定，仅仅是一个应付的体现，有很多的考核细则教师有的根本不清楚，更有甚者连周期、内容、程序都不知道！只是一种奖惩性的评价手段而存在，更不用提公开、公正、公平了。

（三）高校教师绩效管理的建议

1.增加教师绩效分层、分类管理

相对不同层级、不同类型的高校教师来说，他们的薪酬待遇不同，承担的责任与工作种类负荷也不同，但是要对此差异进行划分，按照工作量、工作产出、社会声誉、影响力等不同给予不同考核，不管形式如何变化，都要遵循公平、公正的原则，确保教师的利益不受到破坏；也可以采用动态或弹性制度，对于特殊人才进行"特殊"的考核方式，除满足科研经费与科研场地外，还要对此类人才进行明确规定，即在一定周期要完成什么样级别的成果或指导培养出哪个级别的比赛、科研成果等，避免有教师因有失公平感而不满离职。

2.加强绩效考核方法多样化

教师绩效考核工作尚不完全成熟，教师通过绩效评估结果对自身绩效的改进还不明显，而多渠道多方法可以减少教师对学校的抱怨与不满，同时在灵活运用多种方法时也是体现对不同职称、不同学科、不同情况教师的认可，在管理上更是体现出以人为本、因人而异的柔性化管理，使身在不同职位的教职工都能找到归属感与认同感，提升学校人文关怀与内在的凝聚力，同时绩效考核最主要的目标是提升教师的专业能力与素养，发现偏差、弥补不足对每位教师来说都是接受、乐意而又认同的，在此氛围下教师更乐意提升自己、从内心接受学校，提升对学校的满意度进而增加忠诚度，也会全身心地把精力投入学校、学生中，形成良好的循环，最终提升学校的美誉度。

3.提升绩效沟通路径

在绩效考核工作过程中，应加强上下级之间在平等交往中获取信息的途径，增强信任，使沟通常态化，绩效计划的制订也不是一成不变的，应该随着工作的开展不断地调整，特别是对关键事件的指导与控制。在一个绩效管理的周期内，管理者都需要不断地对员工进行精心指导与反馈，即持续不断地进行绩效反馈沟通，这种方式是建立在双方真诚的基础之上，能保证绩效实施过程顺利进行并及时清除影响绩效的障碍。

（四）设立明确的绩效管理目标

想要让绩效管理的过程更加有效，首先要做到的就是去设立出一个明确的绩效管理目标，并且这个绩效管理目标不是"一刀切"的目标，而是根据不同教师的个人情况来给到不同教师个人的绩效管理目标，使得每一个高校教师能够更好地达到自身的绩效管理目标，向着学校的发展战略前进。为了能够更好地设立一个准确的绩效管理目标，可以让高校的领导者及高校不同的院系教师代表进行沟通商量，来确定一个最优的绩效管理目标。

因为绩效管理是一个全过程，所以注重的不仅仅只有最后的结果，也需要注重实现结果的过程。为了更好地去监督各位高校教师，在进行完成绩效管理目标过程中，就需要准确记录与绩效管理相关的所有数据，从而为各高校教师进行绩效考核的时候，能够有一个确定的数据进行评价。

（五）健全考核方式

在高校教师人力资源绩效管理工作中，绩效考核是最为关键的一环，应采用多种方式来对教师进行考核，主要包括以下几种。一是，在考核前应对所有教师的专业知识重点、管理人员的意见、相关职工与学生的部分意见等进行充分收集，然后对教师进行全面考核，既要注重不断提高教师的绩效水平，还要注重培养教师的专业技能，为其发展提供更多的空间。二是，在考核过程中，以教师的工作内容、科研成果等为基准，适当简化考核程序，这样能够减轻考核人员和被考核人的压力，更好地引导教师正确发展。同时，需要结合高校内部环境的特点与实际工作的特殊性，合理地划分不同的考评对象。由于不同专业高校教师的专业知识重点、学科研究领域等都有一定的差异，故而考核的标准应具体对待。三是，在考核方式上，应采用360°考核方式，对于重点性业务工作可由教师的直接领导与专门的考核部门共同考核，针对日常工作内容可由直接领导进行考核，对于人际关系与工作考核可由教师之间互评，这样的考核方式能够显著提高考核结果的有效性与准确性。

（六）对现有绩效管理进行改革

高校教育方式是在不断改变并完善的，而对于一个优质的绩效管理方式来说，想要更好地进行绩效管理，就需要进行改革。绩效管理对于绩效考核来说，并不是结果出来就结束了，还需要进行本轮绩效考核工作的总结，去分析在进行绩效管理工作过程中出现的问题，并根据此问题找到相对应的解决方式，从而使现有的绩效管理模式能够得到改善，使之后的绩效管理模式可以更加优良。

在高校教师人力资源绩效管理优化过程中，必须重视对考核结果的有效利用，即在考核结束后，需有效结合考核结果和教师的薪资分配、职务调整、奖金分配等多个方面。一是，针对岗位聘任而言，可适当提高高级职称教师的待遇，且参考考核结果来评定教师的职称，以此来起到正面激励的作用；二是，针对奖惩方面而言，可参考考核结果来对优秀教师给予一定的奖金发放，或是提供外出进修机会，从而有效调动教师的积极性与热情；三是，要重视人文关怀，以便提高教师的综合素养，促进教师团队建设，提高对考核程度的认知，有效提高人力绩效资源管理的质量与水平。

（七）强化交流沟通

第一，搭建通畅的沟通渠道。在高校教师人力资源绩效管理优化过程中，通过搭建通畅的沟通渠道，让高校领导和每一位教师可以随时随地进行有效交流沟通。当教师日常工作中遇到问题时，领导可以及时纠正教师的不良行为，并提供高效的解决措施。在具体沟通过程中，领导应放低姿态，以平等的心态与教师沟通，拉近与教师的距离，让教师能够信任自己，愿意说出自己的问题和意见等，从而有效引导教师朝着正确的方向发展。另外，高校人力资源管理部门应定期组织会议，对现阶段高校教师普遍存在的问题进行全面分析，并提出科学有效的解决措施，以此来有效提升绩效管理的效果，确保高校的教学质量与水平。

第二，强化考核人员与被考核教师的交流、反馈工作。在绩效考核过程中，考核人员应努力创设较为轻松的考核环境，充分听取教师的意见和建议，并让教师能够充分说出自己的想法，然后考核人员再针对教师的意见和建议来给予其相应的反馈，尽量让教师认同考核结果，客观听取考核人员的意见，清晰地认识到自身工作存在的不足和问题，并积极改正，从而有效促进高校教师的良好发展。

因为很多高校教师在进行绩效考核的时候只知道自己的考核结果，不清楚考核原因和依据，会产生各种疑惑，甚至会对绩效管理产生不满情绪。因此，在进行绩效管理的时候需要增加沟通，而以面谈的方式进行绩效考核，就是一种非常有效的沟通方式。

第二节 高校管理人员的绩效管理

管理人员是高校教职工中的重要组成部分，是高校日常事务的管理者，也是高校教学、科研的"后勤保障军"。办学资源的高效利用和办学效率的提高都与高校管理人员的工作效率息息相关，而科学、合理的高校行政管理绩效考核体系直接影响着高校管理人员的积极性。目前，随着事业单位的改革，绩效工资管理工作已逐渐运用到了高校，但在高校运用的过程中仍存在着不能客观、科学的评价行政管理人员的绩效，导致不能激发其工作的积极性，最后直接给高校行政管理人员带来消极的影响。因此，构建和探讨高校管理人员绩效管理体系具有重要意义。

一、管理人员绩效管理存在的普遍问题

管理工作是高校不可或缺的组成部分。管理人员是高校重要的组成成员，绩效考核又是管理人员期末和年末绩效评定的重要依据，采用科学合理的绩效考核方法，可以对教职工起管理、指导和激励等作用，从而激发行政管理人员工作的积极性和创造性，进而促进高校办学质量的提高。绩效考核的作用主要体现在三个方面：首先，绩效考核的出发点是对高校教职工进行综合考评，提高高校教学管理水平；其次，绩效考核的评定可以促进高校各项制度化规范管理的推进和优化；最后，可以对教职工的综合工作能力及自身思想道德素质进行客观公正的定性评价。因此，建立科学合理的管理人员绩效考核制度，有利于快速提升高校核心竞争力。然而，当前高校管理人员的考核制度尚有不足，主要表现在以下几个方面。

（一）晋升空间小

高校推崇教学科研本位思想，对教学和科学的一线教师设立职称晋升和责任量化的管理办法，为一线教师的发展指引了方向。然而，管理人员晋升空间相对狭小。虽然管理人员也设立了不同的行政级别，如正厅、副厅、正处、副处、正科、副科、科员、办事员等，这些级别给管理人员提供了发展空间，但是"管理金字塔"顶端的人员毕竟很少，大多数人即使努力工作，也难达到副处以上的行政级别。另外，管理岗位存在严重的论资排辈现象，比如每个处室设置 1 名处长、2~4 名副处长、若干名科长和科员等岗位，若处长或副处长未退休或调离，下面的科长和科员很难得到晋升的机会。由于管理人员的工资待遇与职务级别挂钩，行政级

别越高，薪酬待遇越好；反之，薪酬待遇越差。曾经满腔热情奔向管理岗位的年轻人，看到自己的同龄人通过努力晋升为副教授、教授，而自己也努力多年，却仍然无法晋升，甚至未来的晋升机会依然渺茫，可能产生消极思想，对待工作得过且过，从而可能直接或间接导致学校各项事业发展滞后。因此，高校应该考虑给予管理人员实行职员制，提升他们的发展空间，激励他们努力工作。

（二）官本位思想浓厚

高校的管理水平与政府的管理水平不同。高校院长、副院长等行政职务与人们心目中的"官员"或"公务员"不同。教师是职业人员，不是公务员。高校的行政职务只能是各系为更好地培养学生、服务教学科研而聘用的各级"服务人员"，主任只能是系领导。高校应以学生为本，把教育放在首位。因此，高校应该把直接培养学生的部门放在首位，其他行政部门应该间接为育人工作服务。然而，目前高校的官本位思想过于浓厚，往往控制着高校的行政组织，干扰了许多工作流程，制约了高校的快速发展。例如，本科教学实习由教育部具体实施，但实习资金的使用需要各级教育行政部门的监督和批准。实习结束后，指导学生实习的教师应亲自办理报销手续，凭发票向各级领导签字，从部门到教学管理部，从操作人员到分管科长，从分管副总裁到"一把手"总裁，从分管副主任到"一把手"主任，签字过程需要几天。如果有领导出差，延迟时间可能更长。这些烦琐的过程极大地削弱了教师指导学生的积极性。一些教师不想给自己添太多麻烦，不参加本科教学实习指导，也不取消本科实习环节。这种负面影响不仅直接影响到学生的培养质量，而且制约着学校和学院的未来发展。

此外，一些领导热衷于参加各种会议、出差和应酬等，甚至结成帮派和小团体以扩大其"政治资源"。但是面对高校发展的各种政策和文件，他们不愿深入研究，不主动学习，甚至不亲自做具体工作。他们只是用"嘴上功夫"安排他们的科长和员工去做。从长远来看，这些领导不仅没有带领本部门的员工，也没有为高校的发展服务，甚至成为高校快速发展的绊脚石。因此，高校应明确管理部门的主要职责，打破传统的官本位思维，建立明确的问责机制。

（三）绩效管理文化匮乏

长期以来，高校存在重教学轻管理的现象，在资源分配方面，如职称晋升、培养培训等往往向专业技术岗位倾斜。高校对管理人员的重视程度不够，直接影响管理人员的队伍建设。管理人员自身危机意识不强、缺乏积极主动性、服务意识淡薄、遇事推诿扯皮等不良现象仍然存在，且平均主义思想严重，绩效意识淡薄。高校也存在绩效管理目标模糊、考核过程形式化等问题。究其原因，主要有以下三个方面：

第一，推动绩效管理政策制定的主要是管理人员，对其自身来讲，不愿打破固有的管理模式，给自身增加太大的工作压力，缺乏改革的积极性；

第二，高校管理人员的业绩具有隐蔽性的特点，管理水平与服务能力不易量化，需要花费大量的时间和精力潜心调研，并根据学校自身特色分析研判，而推行效果如何、能否达到预期不好确定，存在徘徊观望的情况；

第三，管理人员对学校决策往往不理解、不支持、不配合。由此可见，高校要加大绩效管理的宣传力度，在绩效管理的文化氛围营造方面仍然需要花费较大力气。

（四）绩效考核定位理念不准确

近年来，我国大部分高校行政工作岗位人员工资提升、职务晋升、业务考评、评优评先及其他待遇方面都还保持着固有的标准和方式，评判标准也没有较为明显的改变，可见高校领导对管理人员管理重视不够，这对高校行政工作岗位人员的工作积极性也会造成一定的影响。部分高职院校的绩效管理考核中，相关管理者及各方人员缺少清晰的定位标准和要求，对绩效考核也不够重视，导致绩效考核无法在高职院校中发挥作用。部分院校还存在重教师、重业务的发展导向思维，忽视行政人员的管理，且院校的发展重点使行政管理人员往往较难得到重视，和其他教职工人员在待遇和各方面有着一定的差异。因此，高职院校应参考其他院校的绩效考评标准和要求，重视行政人员的薪资待遇及职务晋升等方面，保障行政人员的考核水平得到有效提升。

在高校的人员管理体系中，学校以教学为主业，专任教师必须是主体，而高校管理人员在高校教学工作和学校运转中也扮演着非常重要的角色。目前，高校管理人员的待遇普遍处于较低水平，随着近年来我国对高校改革及高校工作人员福利待遇的重视，管理人员的薪资待遇也得到了进一步提升，但与其工作强度和调动职工的积极性的角度来看仍存在一定的差距。一些高校在进行管理人员的招聘时流于形式只重视其学历和专业，或者解决一部分人才家属就业，而忽视对其实际综合素质的要求，因此导致高校的管理人员工作水平参差不齐，无法满足教育改革的整体需求。

（五）绩效设计存在缺陷

目前，由于缺乏明确的、科学的绩效设计，我国高校行政管理人员的绩效管理存在随意性，难以真正促进管理效能的提升。

第一，绩效考核目标不明确。长期以来，高校各职级管理人员的考核通常参照"德、能、勤、绩、廉"综合性指标执行。其多为概括性的语言表述，含糊、笼统，缺乏可用于比较考量的指标。高校各职能部门职能职责不同，各自的服务对象也不同，单一的考核内容无法涵盖其业务范围。当考核评价主体针对单一的评价内容无法做出客观判断时，往往会根据个人的主观印象或者与被考核对象的亲疏远近来开展评价，难以体现出绩效之间的真正差距。

第二，个人绩效目标与组织绩效目标脱离。从科学管理的角度来看，组织的绩效目标是确定管理者绩效目标的重要依据。然而，一些高校管理者的绩效目标仅限于完成日常管理职能。高校虽然实施了岗位就业管理，为每个岗位设计了岗位说明书，但实际上大部分还停留在一般岗位职责的描述上，缺乏对每个具体岗位的系统分析，以及每个岗位的具体任职资格。工作职责和工作任务的工作分析还没有完成，甚至一些管理者还不清楚自己应该承担的岗位职责。高校缺乏对管理者绩效目标的针对性设置，个人绩效目标与学校战略发展目标和职能部门绩效目标没有有序衔接，直接影响组织绩效和个人绩效的顺利完成。

第三，评估体系的可行性不强。高校行政管理人员绩效考核主要是管理者之间的横向比较，要求考核指标具有明显的可比性，但高校行政管理的性质和内容难以量化。因此，许多高校的绩效考核指标设计采用通用语言描述，缺乏具体、详细的评价标准，无法清晰区分评价水平。评价标准缺乏可行性会增加评价结果的误差，不能客观反映真实的绩效状况，难以真实反映评价目标，难以真实反映每个评价对象个体之间的绩效差距，难以真正实现公正、公平、合理、科学的绩效考核。

第四，评价主体选择不当。高校根据干部管理权限，往往根据被考核对象的工作层次不同，设置不同的考核方法和程序，选择不同的考核主体。工作级别越高，评估程序越规范。管理人员采用个人报告和本部门同事投票的方式确定评价结果，缺乏业务伙伴全面的评价。未正确选择绩效评估主体。对被评估主体的管理服务质量和水平的评价主要取决于被评估者的主观理解，例如：被评估者的感受和印象，容易导致对评估结果的主观判断，评估成为一种常规；考生在处理事情时，得出的结论缺乏层次感和说服力，评估结果的客观性和公正性容易受到质疑，缺乏权威性。

综上所述，当前大多数高等院校对于管理人员的绩效考核工作仍处于较为宽松的状态，绩效考核制度也不尽完善，只对工作人员"德、能、勤、绩、廉"这5个方面进行业务考核和绩效评定。而在每学期期末的内部工作述职中，也没有对工作人员进行严格的评定，期末考核也多是流于形式，应付式地将材料提交给人事部门。这种敷衍式的绩效考核制度大多只是年度例行工作的一部分，只是简单地评定出优秀、良好和合格，如果没有较大工作过失发生，也不会有管理人员考核为不合格。高校管理人员绩效考核工作将无法发挥出其应有的作用和效果，也将无法对管理人员进行有效的约束和管理。

（六）人员管理制度不完善

现阶段，部分院校的行政管理人员对于岗位没有进行系统的分析，再加上管理岗位类型繁多且复杂，导致绩效管理部门无法合理划分任职范围，有的部门工作任务比较繁重，有的部门工作任务比较清闲，这就造成有些管理人员压力过大及人员冗余的现象。除此之外，有的工作在管理职责划分范围之外，遇到工作问题之后，人员之间互相推卸责任、埋怨彼此。高职院校的管理制度设置不够系统合理且缺乏统一的规范性，并没有体现出按劳所得、按劳分配的工作管理原则，使得管理制度不够公平公正，工作效率一直无法得到有效提升。

（七）绩效考核落实不到位

第一，考核程序不规范。其主要表现在：其一，绩效考核精神传达不到位，员工参与度不高；其二，考核过程忽略交流，完全依据既定原则进行考核，对于考核过程中暴露出的问题不及时相互沟通，不开展答疑解惑，简单处置；其三，考核过程缺乏监督，公平性与公正性受到质疑。

第二，考核方式较单一。绩效考核多为定期，如年度考核、任期考核等均为针对被考核者一定期限内的工作绩效予以考核。不同的管理部门业务内容千差万别，在考核目标不明确的情况下，个人对组织的贡献值缺乏参考依据，很难进行优劣评判。仅凭聘期总结、口头述职等就做出考核结论，显然难以准确反映被考核者的真实业绩。

第三，督办监管未到位。由于受各种主客观因素的影响，考生在成绩执行过程中可能会对某些问题产生争议。这个时候，需要相关部门及时解决。对此，高校一般都有相应的制度设计，如通过投诉机构、公开校纪委等渠道解决此类问题。

但从目前来看，大部分问题都是被动发现的，往往是接到线索后处理，而不是主动跟进。整体来看，存在着忽视过程监管、主动规范监管不力等问题。

（八）考核模式缺少多样性

长期以来，高等院校考评主体和考评模式比较单一，考评主体主要是唯一直线主管，且信息分析和搜集途径相对不够广泛，很容易受个人的主观影响，导致考核结果无法具备客观实际性和公平公正性。此外，院校中的专职教师一方面是行政管理人员的服务对象，另一方面是管理对象，作为和行政管理人员关系比较密切的对象，应让专职教师积极参与绩效考评工作，以此来使考评工作具有科学合理性。绩效考核的种类比较多样，但现阶段高职院校中主要采用经验判断法和述职报告法，绩效考核在中层实施方面，基本上都是让每人做一份年终考评报告，总结归纳一年的工作内容，写一份就职报告或填写流水账，最终让相关领导层评选出最终结果，以优秀、良好、合格、不合格为标准，依照多项指标和事先预定项目来完成绩效考核管理。由于行政人员的绩效考评主要依靠上级管理领导印象定性，导致缺少科学性。

（九）绩效结果应用缺失

第一，绩效工资激励作用不强。绩效工资一般分为基础性绩效工资和奖励性绩效工资两部分。基础性绩效工资根据所聘岗位及资历确定基本工资标准，奖励性绩效工资则根据员工工作表现进行确定。由于受上级核定的岗位职数限制，高校各管理人员岗位晋升难度较大，大部分岗位集中在七至九级职员；各职级之间的工资差距不大，虽说进行了绩效工资的制度设计，但事实上仍然起不到应有的激励作用。另外，在绩效考核的制度设计方面，各部门参与度不高，在奖励性绩效工资操作层面缺乏自主权，部门无法根据所在部门个人绩效完成情况发放奖励性绩效工资，奖励性绩效工资与绩效目标完成情况关联松散，影响了部门及员工的工作积极性。

第二，绩效结果运用不充分。绩效考核结果一般被用于薪资调整、选拔任用、评优选先及职称评聘，但是大多数高校在实施绩效考核过程中，考核结果的得出只是意味着考核全过程的完结，考核结果仅作为兑现绩效工资的依据，并未与其他相关环节紧密相连，人为地降低了绩效考核的作用与影响力，限制了绩效管理功效的发挥。

（十）绩效评价体系未量化

目前，高校管理人员普遍缺少量化指标的评价体系，导致可操作性不强，具体目标不明确，无法客观评价一个管理人员的工作业绩。另外，高校管理人员的薪资是按级别计算的，并未和岗位的性质和工作业绩挂钩，这种"一刀切"的分配方式无法调动核心部门管理人员的工作积极性，甚至严重挫伤了他们的工作热情。因此，探究客观、公正、科学、易操作的绩效量化评价体系非常重要。

在当前高校行政部门的绩效考核中，虽然有多个指标进行定性考核，但定性的标准仍采用主观描述的评定方法，多个考核指标仅作为参考作用，无法发挥出其应有的评判性作用。评定人员考核结果是优秀、良好、合格大多取决于领导或者同事对其主观印象，而对高校管理人员多个考核指标进行量化评定时，也没有具体的量化指标来决定优秀、良好、合格的标准。由于评判者的主观决定作用，甚至会出现考核指标量化水平较低的工作人员获得的评定结果高于指标量化水平较高的工作人员，这在一定程度上使管理人员工作积极性受到影响；而基于高校领导主观评定下的绩效考核体系无法做出令绝大多数职工满意的工作绩效，也在一定程度上失去了其公平公正性。

二、高校管理人员绩效评价量化指标和激励措施

高校行政管理人员是保障学校发展的"后勤兵"，服务于教学、科研和学生等工作，直接或间接地把握着学校的发展命脉。因此，需要制订一套操作性强的绩效评价办法调动其工作积极性、主动性和创造性，并根据其绩效确定他们的工资、晋升培训、解聘、调整岗位等。实施细则如下。

（一）提升晋升空间

给予行政管理人员充足的晋级空间，设置类似于专任教师晋升职称一样的"行政职员制"。只要达到晋级条件即可晋升，享受相关职级待遇，但是即使待遇相同，也不能与行政领导职务混成一团。比如一个部门可以有多名高级别的行政工作人员，这是职级，但行政领导职务仅设处长1名，副处长1~3名等。明确各岗位职责时，除了要考虑领导职责，还要考虑业绩酬金按兼职津贴另行计算。

绩效目标是绩效管理的前提和基础，根据当前高校管理中绩效管理的实际要求及高校发展的实际情况，在高校绩效管理当中要强化绩效考核的目标，并且在目标指引下有效地开展绩效考核工作，才能够使高校的管理朝着科学化和系统化

的方向发展。具体的绩效目标主要是根据绩效内容来确定，只有具体问题具体分析才能保证绩效管理的合理性。在新时代的背景下，由于我国高校的类别及层次与西方具有很大差别，所以针对不同的高校应有不同的策略，例如针对公立高校的绩效管理可能更加注重对教学质量及学生主体的关注度，但是对于一些中外合作高校和民办独立学院来说，则更加侧重学生的就业率及具体的经济效益等。因此，针对不同类型的高校绩效管理应该有所侧重，尤其是在高校的类型及原则上要体现出差异性。另外，高校在确定总体的发展战略后各个二级学院也要在学校的总体目标下建立自己的发展目标，学院在教学要求及发展规划上的特殊性要求将目标定位清晰明确并且具有科学性，使得总体目标与具体目标相协同，从而使得绩效目标的合理性得以发挥，最终使得高校管理中的绩效管理的有效性得以提升。

（二）按岗位职责量化考核指标

根据管理部门的工作性质对不同级别和职务的管理人员制订相应的量化考核办法，尤其要将管理部门的业绩与教学一线教师的业绩紧密绑定，形成利益共同体。比如某一年学校计划完成科研到账经费 2 亿元的目标，要由科研管理部门与学院教师共同承担权责奖惩。如果经费目标未完成，可以按缺额比例扣除科研管理部门年底的绩效酬金；如果超额完成，可以按超额比例的 0.2 % 给予科研管理部门奖励。科研管理部门各成员间再根据责任重要性分担不同比例的奖惩绩效。

当然，科研管理部门的目标除了到账经费，还有论文数量、成果多少等。同一年各项目之间可能存在此消彼长的情况，因此，高校要制定灵活变通的考核制度，将"业绩突出项"与"业绩匮乏项"按照比例进行互通转换。制定政策时，各部门之间要充分研讨、协调统一。若政策在运行中存在纰漏，要及时组织专家论证，重新修订或完善。

（三）普及绩效文化

1.加强宣传引导

管理队伍是高校改革与发展的组织实施者，其综合素质与能力直接决定了高校的管理水平。加强科学管理，提升管理服务能力是今后高校的不二选择。高校管理应勇于改革，敢于创新，通过普及绩效管理文化，让员工认识绩效管理、参与绩效管理、投身绩效监督，克服原有管理弊端，实现提高工作效率、提升整体效益的综合目标。充分发挥学校二层组织机构、学术委员会、教职工代表大会等机构的积极作用，通过多种形式在校内加强绩效管理文化的宣传，组织员工认真学习领会相关精神，让每一位管理人员切实认识到实施绩效管理不仅对自身职业发展有着非凡的意义，而且对学校实施科学管理、促进整体水平提升及宏伟的战略目标的实现均具有重大影响，从而激发其工作斗志和拼搏精神，争取其实施绩效管理的踊跃支持。

2. 强化培训教育

组织实施绩效管理，需要建立一支纪律严明、业务熟练的管理团队。无论是高层管理者的战略构想、中层管理者的制度建设，还是基层管理者的具体操作和实施，都要不断提高绩效管理的认知水平，促进相关业务能力的不断提升，能够有效避免不符合客观事实的评估和评价。因此，有必要进行强化训练。培训内容可包括实施绩效管理的意义、绩效管理对每位员工职业发展的主要内容、绩效管理的实施程序、每个角色的重要职责、工作纪律等。

3. 注重日常渗透

组织绩效目标的达成，需要各层级员工朝着一个既定的目标共同发力。因而，统一思想就显得格外重要。管理者应注重日常与部门下属进行充分的沟通，帮助其理解自身绩效与组织绩效的关系，接受目标管理。此外，还要通过深入了解，观察其表现，评估其行为与绩效目标的差距，并提供具有指导意义的具体的意见和方法，帮助其达成绩效目标。

（四）完善绩效管理制度

高校的绩效管理对整个管理活动有着非常重要的作用，学校发展的战略目标和行政管理目标是制定行政人员绩效考核的衡量标准，这就要求相关管理者结合高校的发展情况及行政人员的需求，采取科学合理的管理方式分配资源和协调目标，从而保障绩效管理的执行计划能够落实到位。可以用系统规范的绩效管理模式来替代传统单一的考核方式，相关管理者应严格遵守绩效管理工作流程，制订切实可行的绩效管理计划。高校的管理部门可以先组建行政人员绩效管理中心，聘请一些专业从事人力资源的管理者或是外校的专家等，与院校内的人事学者共同完成岗位绩效分析，在基于了解高校的岗位结构的情况下，做好行政人员的绩效管理制度，从而保障绩效管理的公平公正性和真实可靠性。绩效管理应该将定量指标和定性指标有机结合起来，制订好行政人员绩效管理计划。还可以参照其他企业或者单位的人事工作，深入分析和研究人员条件、行为标准、岗位职责及重要性等方面。领导管理层和行政管理人员应共同制订绩效计划，以便能够更好地完成任务指标。比如，制定科学合理且具有一定挑战性的绩效考核指标，分析行政人员的岗位内容。定性考核还需按照绩效影响的程度来赋予其不同的比例权重，以此来保障岗位绩效的行为指标能够达到预期标准。另外需要注意的是，绩效考核管理体制中还需要将定性考核的比重适当调高，使其高于定量考核标准。

在高校进行管理人员的绩效考核工作，要在思想上重视绩效考核工作，需要在完善的绩效考核制度的建立上下功夫，并且强化考核机制在绩效评定上的作用。高校管理人员绩效考核体系建设主要包括考核标准等级的具体划分、绩效分配方案与制度、专业技术水平等级及行政本职工作的审核、晋升标准，这一系列的评论内容将完善对管理人员的绩效考核内容和标准，其考核结果也与其薪资等级、职称评定状况及职务晋升相关联，并在其中起到重要的作用。只有充分提高对绩效考核工作的重视程度，强化考核机制，完善相应的考核规章制度，避免将绩效考核制度流于形式化，考核工作仅为走过场，从而真正地发挥出绩效考核规章制度的作用，激励管理人员的工作热情，积极投身行政管理工作中。

（五）完善绩效设计

1. 明确考核目标

绩效考核的目标主要在于实现组织的战略目标及对员工实施正面引导、激励和促进。高校建立绩效考核目标应考虑学校的战略发展目标，并将战略性发展目标自上而下进行精细化分解，并落实到各个部门当中，避免偏离组织目标。

按照目标管理理论，首先要确定组织的战略发展目标。在高校内部体制管理过程中，内设机构设置是否科学、部门间职能职责划分是否清晰合理、内设机构的核编工作是否公平对高校自身发展起着举足轻重的作用。对于高校来讲，制订"三定"方案是贯彻人事制度改革精神，解决高校内设机构履行职责中存在的突出矛盾、问题，理顺职责关系，合理配置资源的重要举措。因而，高校要结合实际情况进行综合分析研判，确立学校自身的战略发展总目标和不同阶段的发展目标，以及工作的着重点和着力点，从而确立清晰的具有方向性、指引力的学校绩效考核总目标。学校的绩效考核总目标确定后，根据部门职能职责以目标责任制的方式进一步细化，层层分解至各个管理部门，各部门会同人事业务主管部门对本部门所属各具体工作岗位开展职位分析，明确各具体管理岗位应承担的工作职责及绩效考核目标，并据此签订岗位聘用合同，以任务驱动，强化聘期任务考核，聘期满后视任务完成情况决定奖惩。

2. 优化考核体系

在设置绩效考核方法与绩效考核指标体系过程中，应根据高校的特点及管理岗位的特殊性制订适宜的办法。在设定考核内容及考核指标时，要充分考虑岗位特点，对既有资料进行综合分析；要调动管理人员的主动性、积极性和创造性，从而激励管理人员将更多的时间和精力投入工作当中，提高工作效率，提升管理水平。

第一，优化考核内容。长期以来，"德、能、勤、绩、廉"五个维度一直是高校管理者绩效考核的基本内容，但作为考核评价的内容，其内涵略显模糊，有待进一步深入提炼，如中国传统文化是讲道德的，讲究内外修养，以自律为人，以德待人。因此，"德"的考核内容可以设定为政治素质和品德，品德可以细化为社会道德、职业道德、家庭美德和个人品德几个方面，领导干部对事业的忠诚度、使命感和责任感也可以用"德"来衡量。关于"能"，专家学者意见不一，对高校管理者"能"的考核可以细化为政治能力、组织管理能力（战略管理能力）、团队建设能力、文化管理能力、依法履职能力、学习创新能力、统筹协调能力、信息管理能力、应急处置能力等方面。"勤"的考核主要是对工作作风的考核，可以细化为工作态度、工作纪律、工作效率、服务意识、工作强度。"绩"主要是对工作成效的考核，可以细化为目标的完成情况，即完成专项任务、团队建设、对外协调和工作创新的绩效和成效。"廉"可以细化为遵纪守法、廉洁自律等。大学的每个管理部门都有不同的工作性质和内容，管理人员的职级和工作职责也存在个体差异，因此，在细化评价指标的过程中，要全面梳理各部门的工作职能，考虑管理者绩效评价的复杂性，注意岗位级别的差异。基层管理者的工作更注重履行管理服务的工作职责和积极主动的工作态度，而中层管理者的工作更注重战略科学管理、对外沟通协调和组织文化建设管理及团队建设，因此，它的评估应该集中在这些方面。

第二，设置具体的工作考核内容。高校管理者除履行日常管理和服务职责外，还经常面临紧迫而艰巨的特殊工作任务。将其等同于常规工作项目开展绩效考核工作，不利于准确掌握干部整体业绩，对优秀员工实施更有效的激励措施，促进管理团队快速成长。因此，在考虑绩效考核指标时，除既定的基本考核内容外，设置突发性专项考核内容是非常必要的。在动态考核过程中，将专项工作考核结果单独统计，纳入一般绩效考核指标，使绩效考核更加细致准确。考核内容应以员工的实际表现为重点，既要全面反映被考核人的日常工作表现，又要注重应对突发事件的能力。评估应全面而有重点。

第三，综合运用考核方法，提高指标的可衡量性。与专业技术岗位相比，高校管理岗位不易量化，传统的绩效考核定性指标无法对个人绩效做出定量判断，影响考核结果的客观性。设定考核指标，要定性和定量相结合，能定量的尽量定量，不能量化的尽量细化，或者用事实客观地描述员工的真实工作内容，用科学的方法设计一些指标，以避免主观指标随机性，提高考核指标的可衡量性和客观准确性。

第四，科学确定指标权重。绩效考核关系到每一位员工的切身利益，考核指标权重的设定应综合考虑学校的战略定位、办学宗旨、具体岗位职责等因素。为真正实现绩效考核的公平公正，高校可以采用专家咨询、层次分析法等多种科学有效的方法对指标权重进行评价。尽量减少个人主观意识的影响。对于专业性强的行政管理岗位，专业知识和技能的权重要高于财务、审计、工程、档案等一般管理岗位。在中层管理人员的绩效指标中，如部门团队建设、科学的战略管理、服务态度、工作效率、沟通协作等，在基层管理人员的绩效指标中也应予以重视。在分配不同评价指标的权重时，既要考虑横向权重，也要考虑纵向权重。同时，可考虑将职业道德考核不合格、违反党纪政纪等行为纳入绩效考核负面清单，实行一票否决制，涉及此类情况的考试成绩不合格。

3. 慎选考核主体

高校管理者的绩效考核不能只停留在系内或学校领导层，建立多角度、多对象、全方位的评价方法是十分必要的。我们应该在管理部门之间进行相互评估。更重要的是，我们应该将学校师生等服务对象纳入评估。建立部门领导和同事参与的上下级互评，以及部门外沟通频繁、相互理解的人员横向互评；既有学校领导参与的上级评价，也有相关部门之间的相互评价；既有对管理服务对象的评价，也有对同级领导的评价。

在高校管理人员绩效考核评价的实践中，评价主体一般由学校领导、中层管理人员、部门一般管理人员、服务对象及自我评价几部分组成，考评主体主要是唯一直线主管。学校领导主要参与自我评价、中层管理人员及其他校级领导的考核评价。中层正职人员对本部门下属直接做出评价，同时参与自我评价、学校领导及同级管理人员的评价。基层管理人员可以参与自我评价、部门同事、中层管理人员及服务对象的绩效评价。评价主体的范围如何确定，与具体工作实际息息相关，要根据工作实际情况做出选择，可以是同一部门内部上下级之间、同事之间的评估，也可以包括部门以外的考核评价，如上级部门、相关管理部门和服务对象对其工作的考评。

对高校管理者而言，利用360°多维度反馈评价体系，从多个不同角度对考生进行全面的评价，可以反映不同人群对同一考生的不同看法，比较全面。360°绩效评价针对不同岗位层次的评价对象，其评价维度和评价主体应有所不同。对中层岗位，考虑设置自我评价、校领导评价、跨部门中层评价、部门下属评价、业务相关人员、服务对象评价等评价科目；对中层副职，考虑设立自我评价、校领导评价、跨部门中层评价、部门中层高层评价、部门下属评价、业务相关人员评价、服务对象评价等评价维度；对于基层管理者，自我评价、部门同事评价、部门中层领导评价、业务相关人员及服务可设置对象评价。

（六）实行绩效考核分类

高等院校建立行政人员绩效管理机制过程中，除充分利用绩效管理考核结果以外，还需要注重绩效考核管理的过程，以此保障激励机制具有科学合理性和真实可靠性。行政人员的福利待遇、岗位晋升、任用资格各方面都以绩效管理机制中的最终结果为依据，尤其是关于绩效薪资分配方面，应结合市场的实际薪资情况、基于工作内容分析的岗位说明书和最终的绩效考核结果，综合这三方面的情况考虑，制订出符合院校行政人员管理的绩效薪资设计方案，保障其能够将员工的个人价值和个人贡献有效体现出来，进而提升行政人员工作的积极主动性和热情度。除此之外，还需要不断提升和完善绩效考核的整体公正性和公平性，使相关工作人员对管理组织有更高的认同感。院校中的上下级管理者在共同协作制订绩效计划的过程中，还需在如何实现目标和如何实现个人的具体工作目标两者之间达成共识，使其能够明确学院对于自身的要求及衡量绩效指标，以便清楚指导自身的发展方向，积极高效实现绩效指标，激励行政人员实现个人控制，使部门考核和个人考核有机结合起来，避免个人和部门之间出现不良竞争。与此同时，还需要针对不同的行政管理岗位进行分类型考核和定量考核，并以定量考核为基本准则。宣传部门应重点审核校园网页的宣传稿和更新频率等，就业部门则应重点考核应届毕业生的就业率及校园招聘的举办场次等，使其院校中的就业人员能够成功跻身于重点企业。

在高校管理中，应当坚持人性化的特点来建设激励机制，采取物质激励与精神激励并行的方法来将教职工的工作积极性有效调动起来。绩效管理的公平性是提高激励有效性的前提和基础，只有保证公平性才能提升绩效管理的效果，绩效考核结果才会被认可。确保绩效管理的公平性就要从绩效管理的过程、原则、程序和主体等方面进行约束。首先，在主体方面要保证考核主体的多样性，考核的主体一般由高层领导、部门领导、监督部门等组成，体现了主体的多样性。在考核的过程中，要遵循严格的程序，保证程序的合理性，优化考核流程，保证考核结果的真实性。但是，目前很多高校的绩效管理仍然缺乏公平性，员工在工作当中的付出得不到认可，产生消极的负面情绪，导致绩效管理工作在实际落实当中难以展开，得不到员工的支持，从而影响高校的信誉。因此，在实际工作中，要根据高校发展的现实需求，建立一个公平的考核机制，聚焦组织目标，充分调动员工的工作积极性，让每一个员工都在战略统领的基础下，为组织目标的实现提供自己的支持，保证高校在绩效管理当中能够取得良好的成效。此外，在考核机制的实施过程当中，外部的监督也尤为重要，合理的监督体系可以使整个绩效考核的过程更加公开透明，提高员工对考核结果的信任度。同时，要吸引广大员工的参与，员工的积极参与可以促进绩效管理的机制创新，让员工可以真正地了解绩效管理的过程，增加对组织规章制度的了解，促进后续工作的推进。

（七）规范考核管理

1. 规范考核程序

规范的绩效考核程序可参照以下步骤进行：第一步，在一个绩效考核周期即将结束时，布置绩效考核工作，需明确考核实施办法及执行考核的参考依据等，正式下发各部门，要求组织全体员工认真学习、熟知考核相关规定；第二步，组织参与考核的工作人员业务培训，提高其把握政策的能力，确保考核过程政策解释到位，执行考核公平公正；第三步，被考核者个人整理自身绩效成果，按要求填报相关绩效考核材料报所在部门；第四步，按照考核程序组织考核，慎重确定考核评价主体，确定由熟悉被考核对象、能够客观公正进行评价且具有代表性的人员作为评价主体参与考核评价工作；第五步，确定考核结果，进行公示；第六步，公示无异议后履行报批程序，公布考核结果。

2. 加大考核力度

管理人员的管理服务职能体现在日常工作中，考核时个人提交的考核材料能否全面真实反映其日常的工作表现、服务对象是否满意等，这都是值得商榷的。绩效管理应运用全面的、历史的、客观的观点，科学合理地把握被考核者的真实绩效表现，除定期考核之外，还应该设置随机的考核方式，如测评主体对被考核者的日常评价。

3. 完善监督责任

为了确保绩效考核工作公平、公正且井然有序，评价全过程均应接受监督，并设置相关的制度保障机制。

首先，建立监督机构，强化管理监督。高校应针对绩效考核构建强有力的考核监督机制，组建组织、人事、纪检监察、督查等相关部门联合组成的监督工作小组，加强考核过程的全程监督，对工作推进过程中暴露出来的问题及时处理，保证考核过程公平、公正，考核结果科学、真实、合理，确保员工利益不受侵害。

其次，加强日常管理和监督。收集日常工作相关信息，便于随时掌握员工日常绩效，为今后的绩效考核和绩效改进提供事实依据，为绩效管理的有效实施提供有力支撑。日常监督不是以天、月为单位，而是贯穿绩效执行的全过程。如果不注意日常工作的记录，绩效管理周期中的绩效评价就缺乏事实依据。加强日常管理和监督，有利于有关部门及时掌握部门管理人员履职进度，及时寻求整改和应对措施。

强化绩效考核工作的监督是确保绩效考核工作顺利开展、考核结果公平与公正的有效手段。在行政管理部门中，领导要加强对绩效考核工作的监督管理，相关部门领导要对部门内管理人员定期开展工作总结，并对其工作任务、工作成效形成工作报表，作为每学期期末管理人员绩效考核评定的最直观的参考依据。管理人员应当进行事项工作总结并形成日志，并且在相应阶段进行工作总结并上报主管领导，让领导知道一个阶段性工作成果，并对尽可能获得的成果进行考核认定，作为期末绩效考核评定依据，以此形成的每学年两学期的考核结果，可以有效避免不公平、不公正的绩效考核，一定程度上降低考核结果的误差，维护了管理人员的工作成果，同时充分地调动每一位管理人员的工作积极性和认真负责的工作态度。

（八）构建专业系统考核模式

绩效管理过程中应成立专业规范的考核队伍，并完善以往传统的考评模式，以此来促进考核模式的顺利执行和有效运转。以往的考核模式更多的是表面形式上的考核，对于行政人员考核过程中所应用的经验判断法不够完善，导致绩效考评整体过程比较随意和简单，无法实现鞭策后进的积极作用，再加上没有设置专门岗位进行管理，直接影响了绩效管理的整体工作效率。现阶段的行政人员管理中，绩效考核对于整体的发展水平有着非常重要的作用，这要求专业的管理人员注重绩效考评，并以此来提升绩效考核结果的有效性和可信度，同时这对学院的整体管理效率提升也能够起到正面的影响作用。

在构建绩效考核机制过程中，应结合高校规划发展的实际情况，统一规范绩效管理的考核机制，明确提出考核标准和要求，以考核的量化为前提条件，不断调整和完善考核标准和要求。绩效考核的管理措施应制定统一规范的管理目标，并设定绩效管理反馈，以便为员工的绩效考核提供更好的服务，向行政管理领导阶层反馈最终的考核结果。与此同时，应建立系统规范的个人绩效系统，不断丰富考核内容，并将最终得到的考核结果应用到岗位培训教育、职位晋升、薪资待遇及各方面福利等比较广泛的行政人力管理行业。

为了提高工作效率，纠正管理者工作中存在的问题，高校还可以开设网络监督平台，全校师生对管理人员进行监督。具体监管事项包括工作态度、工作效率、文明行为、迟到早退等。另外，高校还应安排专门部门处理网络投诉信息，并根据情节轻重给予不同程度的处罚。同时，网络监管平台也可以作为年终管理者"优秀""合格"或"不合格"评级的参考。

（九）扩大绩效应用

绩效考核是手段不是目的。绩效结果的应用直接关系着绩效改善的最终效果。绩效改善的动力一方面来自利益的激励，另一方面来自对更高目标的不断追求。

绩效考核结果的奖惩机制，需要与多层次、多方面及多种奖励方式相结合，对照相应的奖惩类别，并形成相应的奖惩机制，以此确保管理人员的绩效考核结果能够得到相应的奖励和惩罚。每学期的绩效考核结果应与行政管理人员的绩效工资、职称职务晋升、先进个人评定相挂钩，并作为重要参考依据。基于严格的绩效考核结果的奖惩机制，高校行政工作的各个部门负责人应严格依照本部门内部成员的考核结果对考核结果良好的人员进行相应的鼓励和奖励，对考核结果不合格的人员要充分分析其工作存在的问题，并针对性地进行引导和监督，以此发挥出绩效考核管理作用，促进部门内每一名管理人员都积极地向着更好的方向努力。

绩效的应用可以包括以下方面。

1. 拉大薪酬差距

实施绩效工资是为了变"身份管理"为"绩效管理"，体现的是以能力、业绩和贡献论人才的科学人才评价观。高校不同岗位的管理人员岗位职责存在差异性，能力越强，绩效考核结果越优，薪酬待遇应越具吸引力，绩效结果应用首先体现在薪资的调整上。为了提高绩效工资的真正激励作用，要进一步完善绩效工资分配体系，拉大不同考核等次的奖励性绩效工资间的差距，特别是优秀与合格、合格与不合格之间的差距，真正体现多劳多得的分配理念。另外，建立部门绩效考核结果与绩效工资拨付之间、部门绩效拨付与人员绩效分配之间的联动机制，给予部门奖励性绩效工资的二次分配自主权，便于部门根据员工现实绩效表现在本部门人员间进行二次分配，形成良性的绩效竞争机制，激励员工提升绩效的积极性。

2. 规范人员管理

绩效考核结果可作用于人员的规范性管理。一般来讲，其应用可扩大至以下几个方面。第一，用作岗位续聘和晋升的参考依据。考核结果为优秀的，下一轮绩效管理周期可优先续聘；两次考核结果为优秀的，可提前晋升；考核结果为合格的，下一轮绩效管理周期可申请续聘；考核结果为不合格的，可考虑降薪、低聘；两次考核结果为不合格的，给予解聘处理。第二，用作员工送培的参考依据。考核结果为优秀的，可列为重点培养对象；考核结果为不合格的，可对其开展针对性的适岗训练，提高其工作能力。第三，用作岗位调整的依据。考核结果为优秀的，可调整至更加适合的工作岗位；考核结果为不合格的，无法承担原岗位职责的，可将其调离原岗位。第四，用作职称评聘、评优选先的依据。考核结果为优秀的，给予优先推荐，激励员工创先争优的积极性。第五，用作职业生涯发展的依据。通过与员工面对面沟通，肯定其付出的努力和取得的进步，指出存在的缺陷和努力方向，让其明确今后的奋斗目标与工作方向，从而实现职业生涯的顺利发展。

3. 加强组织管理

通过绩效考核结果、日常绩效和绩效目标的对比分析，绩效结果的应用可以延伸到组织管理的许多方面：一是通过组织绩效目标和完成情况的对比结果，在自身纵向比较中分析组织绩效改善或下降的原因，思考进一步改善内部管理的策略和解决存在的问题；二是通过将组织的绩效目标与类似组织的绩效结果进行比较，可以深入了解组织的优势和差距，为下一步的组织绩效改进提供参考；三是通过绩效考核结果的应用，建立管理者与下属个人之间的有效沟通，搭建组织绩效与个人绩效之间的桥梁，增进了解，扩大沟通，营造积极、健康、向上的组织文化氛围。

（十）树立明确的绩效考核观念

高校应自上而下树立正确的绩效考核观念，注重绩效考核的标准和要求，不仅要从思想上重视绩效考核，还需要在行动实践中重视绩效考核，并以此为基础，构建行政人员绩效考核管理体制，成立专业考核小组，避免出现走过场、混淆考核范围的现象。

我国高校实行行政人员绩效考核管理的时间相对较晚，在考核过程中出现了各种各样的问题，这些问题的出现不仅影响了行政人员的积极参与度，还导致绩效考核的质量和效率一直得不到提升，无法保障绩效考核结果的最终效果和公平性。这就要求工作在一线的工作人员对绩效考核的价值和作用形成一个清晰准确的认知，各方面管理层也应积极配合完成考核工作的具体实施，并以此为基础客观公正地反映自身的实际情况。除此之外，还需要依照定量和定性互相结合、公平公正及分类考核等方面的考核准则，以此保障考核工作能够有序正常运转。院校的整体发展目标应和部门之间的考核有机结合起来，还要将部门考核和个人考核情况结合起来。在制订绩效管理计划过程中，需要注重业绩的指标，并将其逐步细化到个人，使业绩指标和效率指标充分发挥对质量完成的重要作用。

对于高校的绩效管理来说，提高绩效管理的针对性可以更好地发挥出绩效管理的作用，让绩效管理可以针对不同的员工和部门制定出不同的策略，解决在高校管理当中的具体问题。同时，提高针对性可以间接地提升管理的有效性，提高高校的办学质量。高校绩效管理作为管理的一个重要手段和方式，对于提高人力资源管理水平及激励员工具有一个举足轻重的作用。由于绩效管理的主体和对象都是人，考虑到人具有特殊性，所以在绩效管理的实施过程中既要考虑到部门和机构之间的普遍性，也要根据不同的员工及岗位职责进行协调，体现出不同员工的特殊性要求，充分激发每一个员工的内在潜力。

（十一）反馈绩效结果

1. 及时反馈结果

绩效考核的结果反馈越及时，越有利于员工自身的积极改进。部门领导将绩效情况及综合表现客观地反馈给员工本人，使其尽早了解自己与目标存在的差距，以便下一步改进提高；管理者通过绩效面谈，开展双向沟通交流，寻求双方意见的统一，得出有针对性的绩效改进计划。反馈内容包括绩效是否达到预期目标、产生的原因、个人自我总结、下一阶段如何改善等。良好的绩效反馈可为员工职业生涯发展打好坚实基础。

2. 注意反馈方法

注意绩效反馈的方法。一旦方法不当，就会加剧管理者与员工之间的矛盾，不利于问题的解决。在进行绩效反馈时，管理者应学会倾听员工的想法和意见，客观分析员工个人工作中的一些事实和绩效，以身作则，不能将反馈变成对个人的攻击。反馈不仅要停留在过去，还要在承认过去成就的基础上总结过去，提出指导性结论。反馈应坚持多鼓励少批评的原则，善意地提醒一些存在的问题，与员工一起寻求进步的方向，迎接未来的挑战。

3. 积极总结经验

一方面，管理者通过绩效反馈及时了解各级绩效期望，及时发现和弥补不足，扬长避短，及时分析原因，认真研究制定整改方案，从而确保各项绩效目标的实施，促进管理者不断提高管理能力和服务水平。另一方面，绩效反馈有助于发现绩效管理体系设计中存在的一些问题，及时总结经验，推动相关部门进行政策调整。学校不仅要营造公平考核的绩效氛围，还要引导部门领导和员工及时总结自己的绩效，重点关注下一步如何改进和提高。

（十二）量化绩效考核内容与指标体系

高校管理人员的绩效考核结果，需要科学正确地评价高校管理人员的实际工作成果，同时将体现出其思想政治道德水平，而这需要建立起明确的量化绩效考核内容和指标体系，这也是确保绩效考核结果准确公平的关键所在。高校领导应当依据管理人员所在岗位的不同而对考核内容进行全面科学的分析与量化，依据岗位职责与任务及工作成果，对绩效考核结果定性标准进行具体的量化，建立起相应的量化标准，从而对考核结果等级的划分起到重要的支撑作用。同时，由于高校行政工作的复杂性，针对不适于量化规定的考核标准要结合部门实际和个人工作实际情况、思想政治素养及工作成果进行综合评定，确保得到一个客观公正的定性考核结果。

第三节　高校教辅人员的绩效管理

一、教辅人员绩效管理中存在的普遍问题

（一）职位分析不到位

许多高校采用的以"德、能、勤、绩、廉"为主要考核内容的量表是目前应用最广泛的考核工具，也十分适用于高校这种教书育人的单位。但是如果考核采用了"一刀切"的方式，即所有的行政教辅人员的考核指标都是相同的，没有根据岗位分析设计差异化的二级指标，偏离岗位实际绩效考核的科学性和客观性还

有待斟酌。另外，在评价的形式上虽然有定性和定量之分，但是带有主观色彩的分数和评价性的描述却始终无法真实、客观地反映实际的工作状态。所以，对待高校庞大的行政教辅队伍实施绩效考核，就一定要建立在岗位分工和岗位分析的基础上，做到层次清晰、重点明确，有针对性、有目的性地进行，不让考核流于形式。然而，目前高校还没能设计出一套层次鲜明、重点突出的考核指标体系。

（二）教辅人员层次差别大

受历史条件的影响，高校人事制度的改革并非一朝一夕就能完善。就目前来看，高校的教辅人员有些是属于早年入校工作的老同志，其本身学历较低，年龄较大，对工作的付出及回报也没有特别高的追求。而相对于这些人，后来进入高校的教辅人员大多是属于高学历的年轻人，对于刚入职场并且心怀职业理想的这些人来说，其对于工作的热情及追求回报率的意愿就相对强烈。而且前面有介绍高校目前的编制比较复杂，高校管理者如果没有充分考虑到效率和公平之间的关系就很难平衡教辅人员的工作，相应地影响到教辅人员的工作积极性，进而诱发激励问题。

（三）激励方式比较单一

不能说高校的绩效考核不考虑激励问题，而是简单地将薪酬激励手段锁定在工资中。从需求水平来看，员工的需求是多样的，他们对激励的期望也是不同的。薪酬激励是其中之一，而不是全部。越来越多的员工希望将激励与能力发展和晋升空间挂钩，要求物质激励和精神激励的双重满足。特别是对具有较高素质和水平的高校职工，不能仅限于薪酬激励。多元化的激励手段可以从不同的角度满足员工的需求，进而向更高的层次发展，提高对自身绩效的关注，改善员工的态度和行为，表现为更积极的合作、理解和支持。高校绩效管理缺少多元化的激励手段。在绩效管理过程中，沟通是一个非常重要且经常被忽视的环节。沟通贯穿绩效管理的全过程。良好的沟通是有效实施绩效管理的前提。缺乏沟通是许多高校绩效管理中的普遍现象。

管理者往往是以自我为中心、独断的，较少考虑员工自身的需要。在企业中，管理者没有履行相应的职责，缺乏对员工工作的全面指导。他们只是简单地分配任务，实际工作压力基本上在基层员工身上。有的管理者管理方法粗放，缺乏与员工的沟通，更谈不上以人为本。他们只是将工作任务层层分解，让基层员工能够承受压力。当员工无法完成任务时，他们必须不断施加压力，只知道扣钱。这一现象在高校人力资源管理中也会以不同的形式存在。高校员工承受着与企业员工相同的工作压力。他们也希望上级和下级之间少一些指责和抱怨，多一些理解和支持。与企业相比，学校的组织结构要复杂得多，绩效任务的分解要经过多个环节，沟通也不顺畅。

高校行政教辅队伍中很多年轻的教师，参加工作不久，经验不足，容易出错，感情上也容易出现波动，对于这类教师更需要沟通交流，关注其思想动态，多关心员工工作乃至家庭生活的问题，工作上多一些帮助和激励，采取更人性化和更温情的方式来布置工作，少一些指责和埋怨；生活上多解决一些实际问题，让他们切实感受到来自学院这个大家庭的关心。

同时，高校行政教辅人员的工作琐碎复杂，可想而知其考核的难度。行政教辅人员主要负责日常教学管理和为学生服务等工作，此类工作存在突发性、紧急性等特点，另外一部分行政教辅人员除了要完成本职工作还有许多其他的琐碎工作。针对同一职能部门的岗位由于工作内容和性质上的差异而有区别。在此情况下，对考核指标的设置变得比较困难。在当前的绩效考核指标中，一些部门的教学秘书岗位考核设置了几项指标，简单涵盖了日常各个方面的教学管理工作。然而简略的评价指标对考核结果有不利影响，所在部门的领导意见主导了考核结果，行政教辅人员的工作成绩和努力结果与上级的认可与否紧密关联。考核组成员在考核时，对被考核者工作能力、行政效率和勤奋程度等定性的指标打分依靠主观印象，可能出现不客观、片面的评价。考核内容主要侧重扣分项目，以惩罚为主，相应的激励加分项目较少，使得行政教辅人员积极性无法得到提高，起不到激励的作用。

（四）人事制度存在缺陷

虽然高校人事制度改革提出很多年了，但是实质上并未有多大的改变，依旧避免不了事业单位的一些陋习及弊端，比如做事情唯领导化、无原则，导致工作无规章制度可言，影响工作效率。另外，人事聘用制度的不统一也是一个严重的现象。常见的有学校事业编、学校聘用制和外聘制。三种不同的编制造成大家同工不同酬，引发一系列的不公平，影响了工作效率。根据亚当斯（Adams）的公平理论来说，员工的工作积极性除受到报酬的影响以外，还受到相对报酬的影响。也就是说，作为一个员工，他的心理杠杆是否能平衡不仅仅是跟自己的付出来对比，还会跟其他人进行对比，从中获得公平合理感。从这个角度来说，三种不同编制下的教辅人员待遇不一，必定引起员工内心的不平衡感，进而产生工作倦怠感和排斥感。从一定程度上来说是起到反激励的作用。在高校，教学人员具备较为完善的绩效考核方案，管理制度可依据《中华人民共和国教师法》执行。但对于高校行政教辅人员而言，绩效管理制度缺乏理论支持，其绩效管理体系内容主要参照一线教学人员的绩效管理体系内容，缺乏独特性。因为行政教辅人员各类岗位职责与一线教学人员职责存在较大差异，所以应根据行政教辅人员各岗位的特征来完善其绩效管理体系。

（五）工作的回报与付出不匹配

高校教辅人员承担着烦琐的工作，其工作量不低于教师，甚至高于教师，而且工作灵活度不够，必须坐班，现在为了加强对教辅人员的管理，很多学院都采取打卡上班的模式，但是教师却不需要打卡，相对来说，教辅人员的时间成本也比教师要高很多，但是收入却比教师低很多。高强度的工作和辛勤的付出没有得到应有的回报，就会对单位丧失信心，进而离职或者消极怠工，地位得不到保障，收入得不到提高，工作动力也会降低，影响工作积极性。

（六）个人发展晋升受限制

教辅人员作为学校的基层人员，个人的提升特别重要，而且空间巨大，个人能力能否提升很大程度上依赖单位给予的培训，可是现实情况是学校几乎没有针对教辅人员的统一培训，部分学院有组织教辅人员培训，但是内容和频率都不理想，形式主义远大于实际需求，这种形而上的培训意义实在不大。而相反的一面是基层教辅人员非常需要个人的晋升发展，特别是刚参加工作的年轻教辅人员，本着职业理想选择留在高校工作，如果高校不能提供发展的平台，对其之后的职业发展会造成严重的影响。而且由于不同编制的教辅人员面临的晋升渠道还不一样，如果是有学校编制的教辅人员还可以参加学校的职称评定进行晋升，如果是外聘的员工，连职称评定的机会都不存在，个人发展提升更是无从谈起。这也是影响激励效果的非常重要的原因。

（七）高校绩效管理机制不健全

1.考核机制不健全

目前高校没有细化到不同岗位的考核体系。这样的考核指标设置就十分不合理，缺乏针对性，因为不同岗位的职业和工作内容都不一样，不能完全按照一个标准进行考核，"一刀切"的方式对任何岗位来说都是没有意义的。绩效考核的目的不明确，大多数流于形式，意义不大。还有就是考核的方法过于单一，缺乏科学性，比如只从几个大范围进行考察教辅人员的德、智、体、美、劳等几个方面，这也是十分落后的判断标准。而且考核的结果也只大致分为"合格""优秀""不及格"等几个档次，标准模糊，结论也模糊。年终考核优秀的人员会得到一些绩效工资作为奖励，然而每年绩效考核的结果与教职工本人职位的晋升并无紧密联系，高校有许多渴求上进的行政教辅人员，尽管自身努力完成业务工作，最终收入却没有很大改善，职业生涯的发展也受到工作岗位编制名额限制，职位无法得到提升，长此以往，绩效考核不仅没有起到激励的作用，还打击了行政教辅人员的主动性和积极性，导致相当一部分行政教辅人员止步不前，服务意识、工作能力和行政效率等方面和往年相比未得到相应的提升，绩效结果欠缺运用，会影响新的绩效考核方法实施，在一定程度上降低了绩效管理的质量。因为不同的岗位所负责的工作不一样，所以考核的时候指标也应该按照岗位职责及完成情况进行核定。

另外，许多高校主要采用360度考核法，通过评分方式来考核行政教辅人员的工作能力、业务能力水平。考核标准的制定中定性指标数量多于定量指标，部分量化的指标不合理。运用一种方法的绩效考核会出现结果主观性较强的情况。举例来说，对于教学管理工作而言，该工作内容琐碎复杂，无论是教务处人员还是各学院教学秘书，其岗位的性质、分工均有所不同，具体各项工作内容也不尽相同，某些工作可能类似的处理方法，但是不可互相替代，假如使用同等考核标准和考核过程，考核效果难以达到公平及客观。目前高校的绩效管理还处于成长阶段，绩效管理与行政教辅人员密切相关，各部门绩效考核方案的设计人员和部门教职工需要进行充分沟通。绩效管理体系的建立需要得到行政教辅人员一致的认同，在认同过程中沟通就是非常重要的环节。

绩效反馈旨在使管理对象能及时了解自身表现，使被管理者能制定新的目标。在绩效考核过程中，被考核人员从面对面谈话等方式中得知绩效考核的结果。绩效考核结果的反馈是关键环节，然而在高校实施的绩效考核过程中此环节是缺失的。考核结果在OA平台上公示后，极少数的各部门管理者对部门行政教辅人员的考核结果做出详细说明，所以被考核人员往往等结果公布后才知道考核等级，且不会将考核结果评价反馈给校绩效考核小组成员，反馈渠道缺失，考核结果发挥的价值十分有限。绩效考核关键点在于反馈考核结果给被考核者，高校绩效考核结果如不及时进行反馈将导致绩效考核失去目标导向的作用。

2.反馈机制不健全

反馈是绩效管理的最后一个环节，也是下一轮绩效考核开始的基础，为绩效管理不断总结经验，是绩效不断改革的经验基础。良好的绩效反馈可以帮助绩效管理形成一个封闭的循环，以提出问题和解决问题为内在动力，不断循环，推陈出新。高校的绩效反馈有两个明显问题。

第一，系统性不强，管理分散，如同一盘散沙。绩效计划的制订上缺少对以往经验的总结，也就是说下一年度的计划制订，不以上一年的绩效反馈为依据，每一个年度都是绩效考核的开始，无法形成循环系统。高校也有绩效面谈制度，这只是针对部分绩效反常和长期以来绩效低于平均水平的员工。而这部分员工数量较少，且绝大多数员工都缺乏"绩效反馈"。

第二，使绩效管理的发展"虎头蛇尾"。历年年初是绩效考核开展的最为热烈的时段，一段时间之后就会趋于淡漠，之后更是以公布结果草草了事。教职工希望通过绩效考核实现自我提升，但学校和人事部门不给予足够的重视，让不少教职工对学院的这种"形式主义"感到不满。高校每期都会做绩效报告，但这份报告是对所有员工的整体分析报告，缺乏对员工个人报告的分析。此外，报告的目标受众是管理人员，而不是员工本身。员工仍然不知道自己的绩效信息，无法提高自己的绩效。"编筐收篓，贵在收口"，绩效反馈是绩效管理的最后一个环节，也一定是最重要的环节，就像体操运动员和跳水运动员一样，不管过程中的动作怎样美丽，再高的难度，如果最后没有把握好，所有的努力都将付诸东流。绩效考核也是如此。没有反馈的绩效考核就像没有票房的电影，毫无意义。高校对绩效管理的认识无法提升到战略层面，导致绩效反馈环节失灵，信息反馈缺失，无法为下一个考核周期提供帮助。

二、完善高校教辅人员绩效管理工作的对策建议

高校教辅人员的绩效管理问题不是一蹴而就就能解决的问题，受现有条件和体制的影响，我们必须从现有条件出发，结合高校教辅人员激励存在的问题及原因入手，找出解决问题相对应的策略，从而完善现有的激励机制。笔者从前面一章节的原因分析出发，结合激励理论，从以下几个方面入手，提出相对应的激励改革方案，借以提高高校的人事管理水平及教辅人员的积极性和创造性，促进高校的可持续发展。

（一）设置合理的晋升渠道和空间

教辅人员作为学校的基层服务者，很多都是相对年轻的工作人员，而对于刚参加工作或者工作经历不是很长的教辅人员来说，追求自身的发展关乎个人的职

业生涯，学校应该设置合理的晋升渠道，有足够的晋升空间，让教辅人员可以努力去争取进步。在职称评定上也应该不分编制，给教辅人员同等的评定标准，而不仅仅是有事业编制的人员才有资格去评定职称，提供公平的机遇，可以有效激励教辅人员不断进步。

公平合理的晋升制度可以让教辅人员对单位充满信心，按照期望理论的观点，可以有效激发员工的工作积极性，更好地完成工作任务，促成有效激励。

（二）注重自身的提升与发展

教辅人员自身的提升不能仅仅依靠单位的培训，更多要靠自身不断努力，经常充电，学习新知识新技能，只有自身的素质过硬，有真才实学，是金子到哪里都能发光，才能不会被单位淘汰，不会被社会淘汰，遇到棘手的问题也能运用自身的本领巧妙化解，遇到好的机遇才能有能力去争取。

教辅人员可以通过各种渠道加强自身学习，网络科技十分发达的当代社会只要有心向学，各种知识都可以免费学习到，教辅人员应该充分了解自身的缺陷，并努力去弥补提升。另外，教辅人员自身也应该努力去争取机会多多参加学校或者学院组织的培训，积极与校内的教授专家进行交流沟通，都是提升的好方式。

（三）构建科学合理的激励制度

夏尔·塔列朗（Charles Talleyrand）说过：我更害怕的是一头狮子领导的100只羊，而不是一只羊领导的100头狮子。由此可见，一个优秀的领导者对于团队的重要性。高校教辅人员的激励问题如果要改善首先必须引起高层领导者的注意，领导者关注到教辅人员的切实需求，认识到教辅人员激励的重要性，才能采取相对应的措施进行改进。所以作为高校管理者，必须深入基层进行调查，以人为本，切实关心到教辅人员的实际需求，提高对教辅人员的关注度，让教辅人员感受到来自单位和领导的关心，进而制定出相应的细分激励方案，这样才能稳定教辅人员队伍，提高教辅人员的工作积极性，达到激励的目的。而且只有管理者充分重视教辅人员的激励问题，才能从根本上消除教辅人员在学校"低人一等"的错觉，让教辅人员可以公平地参与学校教学事物，这也是更高层次的尊重需求得到满足的表现。

针对高校教辅人员的实际需求，丰富激励方式，多元化多角度进行激励。亚伯拉罕·马斯洛（Abraham Maslow）的需求理论及弗雷德里克·赫茨伯格（(Fredrick Herzberg）的双因素理论都强调对于员工的实际需求的探索，发现员工的实际需求进而采取相对应的激励方法,才能有效地促成激励,达到预期的效果。高校组织也是一样,应该从教辅人员的实际需求出发,真正做到以人为本,丰富激励的方式。

马斯洛需求理论最底层的需求就是指生理需求,反应在我们的衣食住行上,也就是基本的生活满足。高校教辅人员普遍认为高校的物质激励没有达到他们的预期,不能很好地满足其基本的物质需求。而更高层次的安全需求、社交需要、自我实现的需要等更是需要单位的激励政策不断完善,丰富激励措施才能达到。比如物质激励、精神激励和情感激励同时进行,多元化的激励方式相结合可以让教辅人员从内而外感受到来自单位的关怀。同时,高校还应该细分岗位激励制度,针对不同岗位采取不同的激励政策,创新激励的方式,把岗位、能力和绩效等因素综合在一起,集合成综合的激励模式。

(四)做好高校人事制度管理

前面已经介绍过高校的人事制度目前存在三种编制:学校事业编、学校聘用制及外聘三种形式,同工不同酬的现象引发一系列的公平争议,影响教辅人员的工作情绪和积极性。所以,高校管理者一定要做好高校的人事制度管理,改变现有的不合理的状况,具体可以从以下几个方面入手。

第一,改善制度环境。首先学校应该出台相应的文件,针对教辅人员的工作特点进行相应的规章管理改革,引领高校注重对于高校教辅人员的培养。教辅人员在学校一直处于辅助性地位,相应的政策支持可以给教辅人员营造良好的制度环境,让教辅人员在高校的地位受到应有的尊重和重视。

第二,完善人员分类制度。从教辅人员的工作岗位出发,在人事聘用制度上合理分解教辅人员的编制定位,设定科学的岗位职责,对承担不同职责的教辅人员有不同的要求和管理,这样才能体现出差距与公平。突出责任与待遇成正比的关系,对于级别较高、承担责任较大的岗位给予职业编制,并规定相对应较高的条件和职责,相反,岗位能力要求较低的岗位可以外聘编制,但是同时要建立与之相对应的晋升制度,保证能力强者能够有足够的晋升渠道和空间,激励教辅人员不断提升自身素质,不断进步,也能保障教辅人员队伍的稳定性。根据不同编制的教辅人员的实际需求,做出相对应的方案进行激励。

第三,建立动态的人事管理制度。从目前的教辅人员职业倦怠程度来看,很大一部分原因来自高校人事制度传统下的弊端,特别是学校事业编的人员,端着"铁饭碗",消极怠工,抱着做多做少都一样,少做少出错,多做多出错的态度,无法正视工作的实际需求，敷衍了事，特别是上了年纪的老教辅人员，如果本身地位又得不到提升，这种"混日子"的现象就更加明显。所以建立相对动态的人事管理制度显得十分必要，对于不能积极完成工作任务的教师实行优胜劣汰的方式，竞聘上岗，能者多劳，同时保障给能者多方面的回报。这就需要有科学合理的激励政策作为支持，没有激励方案一切都没有可行性，无法继续推进。

（五）提高教辅人员薪酬福利待遇水平

目前高校教辅人员的工资水平偏低，最为直接地影响了其工作的积极性，全面深化工资福利待遇结构，提高教辅人员的薪酬福利待遇水平势在必行。高校必须建立长期有效的浮动绩效工资方案，保证教辅人员的工资有上涨的空间。

按照教育部颁发的《关于深化高等学校人事制度改革的实施意见》，结合本校的实际情况，探索适合本单位的多种分配形式和方法。要将教职工的工资收入与岗位职责、工作业绩、实际贡献及知识、技术、成果转化中产生的社会效益和经济效益等直接挂钩，向优秀人才和关键岗位倾斜，充分发挥工资的激励功能，所以高校必须健全教辅人员的分配激励制度，制度设置合理与否直接影响激励的效果。建议高校从以下角度入手，逐步改善教辅人员的薪酬福利待遇水平。

（1）保证教辅人员的工资收入有一定增长的空间。一方面，物价在飞涨，员工的生活压力不断增加，科学合理的工资增长幅度是保障教辅人员生活稳定的前提；另一方面，建立科学有效的绩效考核方法，对于绩效较好的教辅人员给予工资增长的激励，可以最有效地促成其加倍努力工作，提高工作效率，提高产出比。

（2）建立辅助性的福利保障措施。由于受不同体制的影响，不同编制的教辅人员所享受到的福利保障也不一样，抛开体制不说，学校应该从实际出发，制定合理的辅助性的福利保障制度，保障非学校事业编制的教辅人员也能享受到相应的医疗、养老等方面的保障，强化福利机制的激励效果。

（3）积极促成"同工同酬"和"多劳多得"的发展趋势。无论是何岗位，劳动者的所得必须与其所承担的责任、付出的劳动成正比，才能产生有效激励。让有能力的、积极努力的教辅人员得到与其工作付出相对应的收入水准，多劳者多得，兼顾效率与公平，是我们应该追求的正确方向。

（六）建立长期有效的培训体系

随着时代的发展，各种技术飞速涌现，社会在进步，高校相对应的工作要求不断提高，教辅人员要掌握"十八般武艺"，具备各种素质，不断提升自己的工作能力才能灵活自如地应对工作的需要。面对高校发展中的各种问题和挑战，教辅人员如何才能得到提升呢？这就需要单位重视对教辅人员的培训，帮助教辅人员在竞争激烈的当代社会可以得到有效地提升，而建立一套长期科学有效的培训体系，就显得尤为重要了。

（1）从教辅人员工作实际需求出发，制定科学有效的培训体系。目前的培训大多流于形式，不能切实从教辅人员的实际需求出发，从而变成无效的培训、走过场的现象，浪费人力资源成本，也达不到相应的培训效果。所以制定培训制度之前，人事部门应该深入教辅人员内部，了解其实际需求，这是做好科学的培训工作的第一步。

（2）充实教辅人员的培训内容。高校本身拥有大量优质的师资资源，很多校外企业都高薪聘请校内教师对其员工进行专业化的定制培训，作为高校自身来说更应该好好利用这些资源，征询相关专家教授的建议，充实对教辅人员的培训内容，全方位多角度地提升教辅人员各方面的素质，针对不同时期的工作需要，结合教辅人员本身的特点，分类进行培训。新老员工也应该区分培训内容、丰富培训的方法，不定期举行，可以线上线下、正式非正式、专业知识工作技能相结合。多元化的培训内容让教辅人员可以全面提升综合素质。

（3）注重培训的效果反馈。高校目前的培训流于形式，培训完就当作完成一项任务，至于效果如何无人过问，也无从考核。科学严谨的培训体系应该有首有尾，从教辅人员的实际需求出发制订培训计划，培训结束后也应该有相对应的反馈信息。比如培训结束后可以调查被培训对象对该培训的评价如何，能不能有效帮助教辅人员的工作提升。另外，也应该适时考核教辅人员是否能将培训的技能运用到实际工作当中，这样才是有效的培训。

（七）建立科学合理的绩效考核制度

高校虽然是事业单位，但是一个单位的长期有效的发展，离不开科学合理的绩效考核制度。目前高校的绩效考核大多流于形式，为了考核而考核，形式单一，目的不明确，没有科学合理的量化指标等，需要不断完善才能有效促成激励效果。可以从以下两个方面改善高校教辅人员的绩效考核制度。

（1）营造良好的绩效文化氛围。良好的绩效文化需要单位从上而下所有人员的认同，首先认识到绩效考核的重要性，达成基本的共识，共同遵守相关的制度。营造人人都愿意为绩效出谋划策，以主人翁的责任感参与绩效改革的实施，而不是事不关己的冷漠态度。单位也应该做好绩效考核重要性的相关宣传，加强与教辅人员之间的沟通、部门之间的沟通，定时通报各部门的优秀绩效考核事迹，营造出绩效考核创造业绩的振奋局面，刺激大家的关注度。

（2）制定科学严谨的绩效考核制度。科学合理的绩效考核制度是实现考核的保障，有了制度才能有章可循，有章可依。在制定考核制度时，应该借鉴当代先进的企业管理制度，咨询专家意见，针对不同岗位的职能和内容，针对性地制定相关的考核指标，量化工作，全面考核教辅人员的工作。对于考核标准也应该细化，明确考核标准，而不是模棱两可。对于考核结果也应该有具体的划分标准，然后最为重要的是绩效考核的结果应该直接与工资待遇挂钩，真正体现激励的正作用。对于绩效考核成绩较好的教辅人员给予增长工资等方面的奖励，而对于消极怠工、绩效考核成绩较差的教辅人员则应该给予一定的惩罚，这样才能凸显绩效考核的实际作用，达到激励的目的。

（八）完善沟通反馈机制

绩效反馈旨在将绩效评价的结果反馈给被考核人员，使被考核人员行为发生变化。在高校的绩效考核体系的改进中要进一步对考核方与被考核方的沟通环节进行优化。绩效反馈是绩效评估工作的关键环节，绩效反馈的实施情况良好与否直接影响绩效评估能否达到预期目的。绩效管理的沟通不仅仅需要对每个教辅人员进行沟通，而且要分为考核的前、中、后进行沟通。沟通要转变以往在人员不满的前提下与考核方进行沟通的模式，沟通需要的是考核方放低姿态，主动与行政教辅人员进行沟通。在对沟通环节的优化中，沟通不代表着质问、质疑、针锋相对，而是针对考核相关问题进行探讨，从而可以在沟通环节采取灵活的形式，如通过闲谈、聚会、组织郊游等，用一种相对舒适的环境、讨论的氛围进行沟通，沟通趋向于灵活。同时，可以将沟通作为制度，成为人们对绩效考核的定期想法反馈，并以书面报告的形式向考核方进行提交，寻求人员内心认为合理的考核方式，并作为重要参考。

特别是高校在一个学期之初，学校不仅要向各个系部进行教学目标的审定，相应行政教辅人员的工作考核内容也要重新审定，体现出学校在工作中的与时俱进。这时对于行政教辅人员的考核标准与考核内容都在定调阶段，需要大量吸收各方意见。考核方需要在与人员的沟通中对人员反映的问题进行汇总，并针对普遍问题进行深入研究，并且被考核方可以选择几名代表与考核方进行商讨，尽可能在尊重被考核方的前提下，制定合理的考核内容。有效的沟通使得双方能够基本达成共识，有助于绩效考核的深入推行，并且与人员的沟通意见能够与考核结果相结合，能够使反馈机制更加完善。

绩效反馈有两种类型。第一种是团队反馈，该反馈是指组织成员向组织团队反馈。第二种是个人反馈，此反馈是指一个组织成员向另一个组织成员进行反馈。在实际的工作中，管理者需要肯定下属的表现并给予赞扬，遇到下属出现工作失误时，管理者需要对下属进行批评指正。绩效反馈的特征可以概括为三点：一是侧重描述而非判断；二是侧重工作表现而非个人性格；是进行有针对性的指定。本文认为高校的行政教辅人员绩效管理中的绩效反馈除与每位行政教辅人员进行一对一反馈外，还需要设立不同考核时段的反馈。

第四节　高校辅导员的绩效管理

一、辅导员绩效管理中存在的主要问题

高校辅导员绩效管理的理论基础是组织行为学。对辅导员进行绩效管理是由该岗位特点和工作本身的要求决定的。首先，通过考核评估，可以使领导和师生了解辅导员队伍的具体情况，促进各方的交流沟通；其次，辅导员的考核成绩将对辅导员起到鼓励、鞭策、督促等作用，也为其晋级、调动、奖惩等提供了可靠依据；最后，定期的考核可以促使辅导员提高工作质量。

由于辅导员工作的特殊性，目前的考核办法还无法完全能够覆盖到辅导员工作的全部内容，当前高校辅导员考核体系的全面性、科学性还有待提升，在考核导向、考核形式、考核指标设计等方面都存在相应的问题，影响了辅导员考核工作的整体效果，制约着辅导员能力的提升。

当前，高校辅导员绩效管理过程中主要存在以下几个问题。

（一）绩效考核机制不科学

学生工作是一项集教育、管理、服务于一体的高级智力活动，是辅导员人格、知识、技能及职业道德等主客观因素的综合体现。由于学生工作的复杂性和不确定性，辅导员应完成的任务和应达到的目标，都难有明确的量化和衡量标准。考核机制没有考虑学生思想工作的特殊性，结果往往很难反映辅导员的工作实质情况和工作能力。而学校又往往会对考核优秀的辅导员给予嘉奖，同时对考核结果

较差或不合格的辅导员不会采取相应处罚措施。这样的绩效考核机制不但不会对辅导员产生应有的激励作用，甚至会对辅导员队伍的工作积极性和办事效率产生负面影响。

很多高校采用系部、学生、职能部门三部门的打分策略，但事实上，系部和职能部门二者对辅导员的打分存在交叉打分、重复打分的问题。在指标设计上，尽管学院设计出多项指标，但是多数指标是定性分析，难免会对辅导员工作的评价存在随意性，出现无法反映辅导员实际工作情况的问题。同时，部分绩效考核的实施主体并不十分了解辅导员的工作性质和具体职能，使评价存在个人主观色彩。

辅导员考核体系中的考核指标应按照《普通高等学校辅导员队伍建设规定》和学校系统年度工作计划制定。具体内容应充分包括辅导员的9项主要工作职责和5项基本制度。在实践中，大多数高校注重学生发展评价，以学生的荣誉和学业发展作为主要评价指标；以辅导员发表论文数和研究项目数作为主要评价指标。上述考核指标对辅导员的思想指导、心理教育、深度辅导等日常工作的重视程度较低，考核工作中存在指标不明确、考核内容不充分等问题，将导致考核主体无法清楚地判断辅导员的工作。评估结果的完成度不够客观真实，辅导员在开展工作时容易颠倒优先级，遗漏重要工作，树立错误的工作思维。

考核规定要坚持定量考核和定性考核相结合、日常考核和集中考核相结合、自我评价与组织考核相结合的原则，但缺少具体操作流程。考核方式的不科学，直接影响了考核的公平、公正，达不到最终的激励目的，不利于辅导员工作积极性的调动和工作的改进。

（二）绩效考核指标设计不合理

根据国家有关文件的要求，高校辅导员配备数量与在校学生的比例应当是1∶200以内。而当前的状况常常是一名辅导员负责的学生人数大于200。此外，辅导员还要负责学生党建、贫困生资助、分团委与学生会等工作。目前，对辅导员绩效考核的指标设计不合理至少体现在两个方面。第一，辅导员负责的学生属于不同年级，考核却没有区分不同年级学生的关注点的差异，例如，对大一学生的管理重在入学教育、心理适应等；对大二、大三学生的管理重在关注学业情况、各类软竞争能力的培养锻炼、各类心理问题及突发事件等，对大四学生的管理应注重就业毕业情况、就业毕业心理等。因此，对各年级辅导员的考核指标设计也应当有所偏重和区别。第二，辅导员分工负责的学生工作模块，虽然出发点都是为了学生成长，虽然都是体现为组织、协调等能力，但不同工作的开展有着非常大的差异，科学的考核指标中也应当有所体现，而当前高校对辅导员都是按照统一的考核标准进行，从而造成考核结果难免有失偏颇，达不到绩效考核的效果。

同时，在考核时学生考评表是由辅导员发放给学生，学生填写完毕后又由班长收齐交到辅导员处，然后再由辅导员交到考核部门。这样的考核方式存在漏洞，不排除有的辅导员在收齐学生考评表后存在自行涂改的可能，这也有悖于绩效考核的客观性。

绩效考核一般来讲要坚持德才兼备的标准，从"德、勤、能、绩、廉"等方面进行全面考核。但部分二级学院更倾向于考核辅导员某一特殊贡献或某一方面的突出表现，导致考核内容不全面，没有全面衡量辅导员一学年的综合业绩和能力。辅导员日常工作比较琐碎复杂，"上面千条线，下面一根针"，辅导员工作涉及方方面面，责任大、压力大、工作满负荷。因此，针对辅导员的考核内容要科学设置，全面把握。

（三）考核导向不够明确

考核的导向就是要通过考核达到某种效果。当前，各高校辅导员考核的基本导向为完成年终考核任务及评选优秀辅导员，将考核结果作为辅导员评奖评优的依据。考核没有能够引导辅导员以考核结果为基础进行工作改进和工作反思，全面、细致、有创造性地开展下一步工作。这种考核往往是被动的考核，没有充分发挥其激励作用和警示作用，忽视了学校立德树人的人才培养目标及辅导员自身发展的需求，导致一些辅导员错误地认为考核就是评优，挫伤了辅导员工作中主动谋划、勇于探索、开拓创新的积极性、主动性，不利于辅导员的个人能力提升和辅导员队伍的专业化建设。

辅导员绩效考核以各二级学院为主体，且方法各异，没有全校统一的标准，使得辅导员之间缺乏可比性，加剧了不同院系辅导员之间的比较，不利于工作的稳定及顺利开展。考核是区分优劣、奖优罚劣的重要手段，若标准不统一，则发挥不了它激励先进、鞭策落后的作用；不利于激发辅导员勇于担当的意识，调动不了辅导员的工作积极性、主动性和创造性。

（四）考核形式过于传统

考核结果缺乏区分度。目前大多数高校辅导员考核体系主要采用传统的"评分式"，即基本由学生评分、同行评分及上级评分3种简单的评价方式组成，这种传统的评价方式获得的考核结果大多只是考核主体对考核对象工作完成情况的"主观印象"，不能客观反映考核对象在考核周期内的全部工作业绩，无法满足新时期辅导员工作的考核要求。在考核结果的区分度上，当前各高校辅导员考核结果大多数为定性的优秀与合格两种，没有细分为其他的等级或分数，使得考核结果无法量化，少数辅导员考核结果为"优秀"，大多数辅导员考核结果均为"合格"，考核的区分度较低，无法真正反映出被考核辅导员工作完成质量的差异。此类考核不仅不能如实反映出辅导员具体的工作实效，也容易在辅导员队伍中形成"不求有功，但求无过"的消极工作风气，进而影响个人的内驱动力，易产生职业倦怠和惰性。

（五）考核的初衷与目的相背离

高校辅导员考核的目的应该是更好地加强大学生的思想政治教育，鼓励辅导员更好地完成自己的工作，创新工作思路和方法，引导大学生更好地成人化。但是，由于高校辅导员考核体系普遍不完善，考核监督机制普遍缺失，考核手段和目的不明确，导致以考核为目的、重结果轻过程的现象。绩效本身应该是包括工作过程和工作结果。因此，我们应该从全面的角度看待员工的绩效。绩效反映了员工在一定时间内以某种方式取得一定结果的过程。此外，绩效反馈是绩效管理的最后一个重要环节。但它经常被忽略。考核的初衷偏离了目的，使高校辅导员的绩效管理不能达到预期的效果，反而浪费了人力、物力。

但是有时辅导员自己对绩效考核的指标和标准都不是特别了解，而且考核指标过于笼统，比如要求辅导员经常下宿舍，却没有一个量化的标准。所以，辅导员无法把工作内容和绩效考核的指标与标准结合起来，导致绩效考核的指标形同虚设，且考核评估之后的结果并没有同激励机制挂钩。评估后，学校既没有对优秀辅导员进行表彰，也没有对排名靠后的辅导员进行处罚，使绩效考核流于形式，无法发挥激发辅导员工作热情的作用，也未能充分实现绩效考核的目的。

二、完善高校辅导员绩效管理机制的对策

（一）构建基于胜任力的绩效考核

斯宾塞（Spencer）提出，胜任力是指能够在工作（组织或文化）中区分优秀员工和一般员工的潜在和深层次的个人特征。它可以是动机、特质、自我形象、态度或价值观、某一领域的知识、认知或技能——任何可以可靠衡量或计算的个

人特征，能够显著区分优秀绩效和一般绩效。根据上述定义，绩效考核应真实反映辅导员的各种能力水平。绩效考核指标应体现不同的胜任力水平，以极大地激发辅导员的心理和行为，促使辅导员提高胜任力水平，提高行为和工作质量。基于胜任力的绩效考核过程本身就是为了突出和发扬辅导员的胜任力水平。辅导员将努力提高自身的胜任力水平，以达到更好的评价水平。在绩效管理的最后一部分——绩效反馈中，辅导员还可以清楚地看到其优势和劣势，客观地对待他们的能力水平，帮助他们发展优势和弥补劣势，并明确努力方向。

（二）对高校辅导员进行分类管理

团队波士顿矩阵理论的建设者邵建平和杜泉芳认为，高校辅导员由于分工不同，需要进行分类管理，因此构建了高校辅导员团队波士顿矩阵。他们认为，根据辅导员的基本特征及其评估的主要指标，决定辅导员结构的基本因素有两个：现有能力和发展潜力。根据销售增长率和市场份额，团队将产品分为"问号""明星""金牛座"和"瘦狗"。他们选择贡献和成长作为构建大学辅导员团队波士顿矩阵的两个测量维度，并在"问号""明星""金牛座"和"瘦狗"四个不同区域对辅导员采取不同的管理策略。对"问号"辅导员进行专业培训，使其各司其职，相互配合，提高工作效率；注重对"明星"辅导员的激励，营造良好的政策环境、工作环境和生活环境；制订并实施"瘦狗"辅导员专项培训计划，提高辅导员素质；对于"金牛座"辅导员，学校要有计划地选拔他们参加各种交流、考察、进修或临时培训，促进他们成为专家辅导员。通过对辅导员的分类管理，可以有效地调动辅导员的工作积极性，提高工作绩效，达到绩效管理的目的。

（三）明确辅导员岗位职责

明确的岗位职责是绩效考核体系真正发挥其作用的前提和基础。因此，高等院校必须编写辅导员职位说明书，让每名辅导员对自己的工作职责了如指掌。此外，在实施绩效考核前，学校要对辅导员进行统一的培训，让他们了解绩效考核的指标和方法。在考核实施过程中，学校要全程接受外界的监督，并对考核结果进行公示，确保考核的公平、公正。

（四）科学运用绩效考核结果

绩效考核结果的运用将最终反馈到培训和人力资源的配置中去。应当根据绩效考核结果，针对性地实施培训。当前，高校对辅导员的培训常常是召集所有辅导员，通过报告会、政策宣讲、知识讲座等方式满堂灌，个性化的"因材施教"

培训极度缺乏。高校应该通过绩效反馈，或根据不同绩效层次来实施培训，或围绕各种胜任力水平实施培训，或两者结合并根据本校实际展开培训，这样才能够取得良好效果，切实提高辅导员工作绩效。

可以通过量化考核指标，贯彻落实绩效考核的评价结果对辅导员某阶段工作成效进行整体评价。高等院校要利用考核结果激发辅导员的工作热情，就必须量化考核指标，并将考核结果作为员工奖惩的参考依据。为此，考核小组要对绩效考核指标进行仔细推敲，科学设定每个考核指标所占比重。

第四章 高校教师绩效考核创新管理

随着教育体系改革的不断深入，在国家高等教育大众化的趋势下，社会对高等教育质量愈发关注，高等教育质量最终落实在高校教师的教学质量上。高校教师是推动高校发展和建设的核心资源和主要内生动力，高校教师的绩效考核工作是社会大众了解和掌握教师教学质量和监控教师工作过程的重要手段，加上高校教师实行绩效工资制度，绩效考核意义不言而喻。如果高校能更加有效地开展教师绩效考核管理工作，构建创新的高校绩效考核管理体系，那么，无论是从高校的价值层面，还是对高校教师的个体层面来讲，都具有十分重要的现实意义。本章从绩效考核的内涵与方法、教师现行的绩效考核缺陷及构建多维的绩效考核方法对高校教师绩效考核创新管理进行讨论。

第一节 绩效考核的内涵与方法

一、绩效考核的内涵

绩效考核是指根据高校制定的工作目标，对员工的工作完成情况、员工是否履行了职业道德方面的职责及员工在工作中的发展情况进行评估的过程，并在评估后向各方反馈员工的情况和问题。它是高校发展方向的指南针。

绩效考核的内容主要是评价不同考核对象的情况。决定绩效指标的主要因素是业绩、能力和态度。其中，工作业绩主要是指员工的工作绩效及其对工作效率的影响。评估人员可以评估完成的任务量或设定的工作目标、工作质量、上下级管理和成本控制是否合理，通过持续努力和学习是否可以提高工作效率。工作能力是指员工在工作中掌握的技能和潜在的基础。管理者可以根据员工的综合能力进行判断，如员工的实践能力、沟通能力、组织间协调能力、专业技能、文化水平和经验。工作态度是指员工的个人心理素质，其工作能力也会受到影响。员工的工作态度主要体现在主动性、执行力、岗位责任感、团队精神等方面，员工应充分意识到自己的责任，勤于思考和创新，具有强烈的集体荣誉感。但是，应该注意的是，在评估态度时，有必要排除外部因素的干扰，只合理评估员工的个人素质。员工综合绩效考核充分体现了员工创造的价值。通过绩效考核，在一定程度上突出了整体工作效率，可以直接进一步完善管理体系。

在绩效管理的诸环节中，绩效考核处于承前启后、统领全局的核心地位，它主要涉及对已经执行的绩效计划、目标进行周期性的考察监测并得出一定的结论，找出与绩效目标之间的差距，分析原因，并将结果运用到下一轮的绩效计划制订过程中，最终实现绩效持续提升及组织和个体的良性发展。

高校教师绩效考核是其日常管理中的重要组成部分，关系着高校教师的发展，更关系着高校自身的完善。大学教师从事教学、科研和其他工作以达到教育和教学的目的，在这个过程中对其表现进行量化的衡量，这包括教学效果、科研成果、社会服务等，这个过程就是绩效考核。高校教师绩效考核是根据国家对大学的要求、大学发展的需要而形成的。通过进行高校教师绩效考核可以全面、真实地了解教师的教育和教学状况，提升高校教师的工作质量和个人素质。

二、绩效考核的重要意义

高校绩效考核是督促教职工切实承担责任的重要管理方法，它对学校事业发展具有重要的推动作用。

第一，实施绩效考核是提高学校管理水平、推动学校高质量发展的需要。21世纪初，中国高等教育得到了一次跨越式发展的机遇，很多高校抓住了这个难得的机遇扩大了办学规模，而与规模扩大相伴的却是办学质量的下降，这引发了社会的不满。因此，加强内涵式发展成为高校的必然选择。要实现内涵式发展，必须转变管理方式，实施目标管理，层层压实责任，激发教职工的创新创造活力。绩效考核是目标管理的重要组成部分，目标的实现、下一阶段目标的确定、学校的发展定位，都要靠绩效考核来推动。可以说，绩效考核是推动学校高质量发展的必然要求。

第二，实施绩效考核是高校提升人才培养质量的需要。高校的职能不管怎么变化，人才培养这一职能不会变。21世纪初的高校规模扩张是在中国经济快速发展的背景下发生的，经济的快速增长对人才的数量提出了更高要求。中国经济经过了一轮快速增长后有了转型的需求，相应地，人才培养也要求由数量向质量转变。绩效考核可以通过量化的方式进行，督促被考核主体提高人才培养质量，切实完成人才培养任务。

第三，实施绩效考核是高校加强师资队伍建设的需要。教师是高校最重要的资源。高素质的教师队伍不是自然而然产生的，环境对教师具有重要的影响，而环境好不好取决于学校管理水平的高低。绩效管理，就是对每个教师的工作完成情况进行考核，并把考核结果与评奖评优、晋升晋级、工资福利等联系在一起，优者得奖、劣者得罚，这样就能够在一定程度上调动教师的积极性，促使其把主要精力投入工作和学习。教师把精力投入工作中，学校的事业发展才能有保证。

三、绩效考核的方法

（1）分级法。其方法主要适用于考核数量比较少，对同一部门的同种岗位的员工进行考核，实施考核比较简单，不过就是缺乏考核的数据，实证性不强。

（2）强制选择法。这种考核方法通常对管理人员进行考核，能够减少某些心理因素产生的偏差，只是在编制考核内容及对被考核者的规范性和范围比较严格、复杂。

（3）360°绩效考核法。360°绩效考核法也有另外两个名称，分别是全视角考核方法和多元考核方法。这种绩效的考核方法主要是让员工全方位了解上级、下级、平级等对自己的评价，主要目的是让被考核对象通过考核认识和发现自身优势、不足，对于组织而言，可以清楚了解被考核对象的不足。360°绩效考核的优点对比上级考核下属的传统考核制度，可以避免传统考核中考核者极容易发生的"光环效应""居中趋势""个人偏见"和"考核盲点"等现象，使得管理层获得更加准确的信息。同时可以预防被考核对象急功近利的行为，有助于被考核对象综合能力的提升，让员工自身通过主观能动性，将员工自身的潜力开发出来，促进员工的全面成长，考核的结果更加公平、公正。缺点是操作的成本较高，考核培训工作难度大。

（4）量表绩效考核法。该方法主要通过等级考核量表对考核对象进行考核。首先对维度进行分解，得到分数，最后设计评分表。该评价方法能够量化评价对象，且相对简单易操作。只有评估员可以直接勾选等级编号，无须文字说明。但是，其不够灵活，从针对的人群来说相对较为宽泛。

（5）情景模拟法。大多数应用于对管理人员的选拔和考核方面，只是在设计此方法时相当复杂，所耗的时间和成本都比较高，但是其准确度很高。

（6）关键事件法。该考核方法主要提供考核依据，便于后续的绩效考核和反馈。评估员需要随时准备一本记录簿，负责记录有关事项，如突出业绩或业绩事项，并根据实际情况判断被考核人的行为是否合理，主要是积累被考核人的相关事项，作为真实证据，在总结了考生可以信任的项目后，我们可以得到考生的发展和提高，使考生在给出反馈时易于接受。这有助于进一步改进。然而，它的范围并不完美。一般适用于工作性质简单的岗位以外的人员。

总之，绩效考核是管理的核心竞争力，无论是在绩效内容上还是在方法上都不可忽视。绩效考核人员应尽自己的职责，做好高校的绩效管理工作。同时，高校在采用各种考核方式时，需要从实际情况出发，根据工作目标选择合适的考核方式对考生进行考核。尽管仍存在一些弊端，但高校需要长期发展。要根据高校追求的目标，结合实际情况、相关方法，进行绩效考核，更好地突出其考核效果。

第二节　高校教师现行绩效考核的缺陷

一、高校教师工作绩效考核的特点分析

高校教师群体是一个大类别，如果从内部细分，主要由从事一般教学工作的教学类教师群体、兼具教学和研究任务的研究生导师群体、专职的研究员群体，甚至还包括一部分临时性的科研群体如博士后、兼职科研人员等共同构成。如果从学科角度看，还有文科、理科、工科、艺术类等差别非常大的群体类别，应该说高校教师的绩效考核是一个涉及各种学科领域非常复杂的系统工程。各种类型的教师在不同偏重的工作中所做出的工作绩效具有不同的特点。

第一，教学工作。高校教学工作具有三个层次的绩效结果。一是课堂型人才培养，主要是专业知识和专业技能的传授，目的是把大学生培养成专业人士。因此，学生掌握和应用知识的程度是教学绩效的基准。二是学生动手实践能力、学习能力和学术研究能力的培养和训练。当代大学生除掌握专业知识外，还应接受一定程度的科学精神和科学方法，掌握主动学习的思维方法，成为未来能够独立处理专业等领域的高层次人才。三是开展高校思想政治道德教育和人文精神教育，全面提高学生素养，全面育人。这三种表现结果都在所培养的学生身上得到体现，因此教学工作的表现评价主要应通过对学生的考察来获得。

第二，科研工作。高校的科研工作不同于企业或科研机构。高校教师为什么

要做科研，是由现代大学的基本属性决定的。现代大学不仅是对经典大学的纯粹形而上学的学术思辨和传承，更重要的是，它们在政府与社会产业之间进行学术研究，在社会发展中发挥主导作用。同时，这也是现代社会发展对高等教育的要求。高校教师要了解本专业的前沿成果、发展方向和需求，及时转化为有利于学生的系统知识，确保高等教育的价值。因此，对于高校教师来说学术研究成为绩效的必须之一。与其他机构相比，高校的学术研究主要是理论性、基础性、前瞻性和试错性。高校科研成果的输出多以论文和专著的形式，少量以创新发明和专利的形式输出。高校的科研成果并非完全以需求为导向。这一点与企业不同，高校的科研并不完全受制于市场需求。而且，高校的科学研究不像科研机构那样系统化。比如高校的科研成果，不会有上亿的资金专注于一个特定的目标，多年组织发展公关，形成一系列的成果，而是具有更多的个人色彩。

二、高校教师的考核需求特点

虽然高校教师目前普遍实行绩效考核制度，但高校的教师属于知识型员工。

知识型员工具有较长期的教育经历、更复杂的学科背景和相当的创新要求，而且知识型员工有一个很大的特点就是对自我价值的实现有很强烈的需求，期望得到学校和社会的正确评估。

第一，比较高的基础定性考核需求。高校教师是高级知识分子群体，平均受教育时间较长，他们的工作绩效特点决定了其成果是非常多元的，既有教学、研究生培养方面的复合要求，又要有学术上的各种创新要求，甚至很多教师还要身兼一些行政教务类工作。这种绩效本身的特点决定了考核需要有很强的综合性，无法按照企业式的单纯量化或者设计成市场化的考核标准，而且高校教师本身多数不是专职科研人员，而是教学与科研并重。即便是少数专职研究人员，也无法像科研机构那样拥有大型的研究所、实验室进行长期的专项科研攻关，因此也不适用于完全以科研成果和科研量来考核。特别是很多核心式的学术骨干，往往带有较强的事业心才在高校任职，对其考核更是需要综合考虑各种情况，因此不能一味对高校教师进行"算工分"，而应该有较多的定性考核制度设计。

第二，需要一定数量的激励量化考核。尽管高校的教学科研工作是全面而复杂的，但从成果的角度来看，教学成果中基本学时数、研究生人数等基本量化的指标，教学竞赛，教学质量的评价随处可见，论文、课题、获奖等定性指标也是比较好的定量指标数据。一个优秀的高校教师必然在这些定量评价方面有突出的表现，这也需要在评价过程中以公平的方式表现出来。通过这些评估和评价，高校教师可以获得晋升和薪酬方面的激励回报，这正是优秀教师所期望的。然而，还应该指出的是，在定量评估中会有非常强的导向性问题。正是由于各学科、各类型乃至各高校教师的资源禀赋不同，激励性考核容易出现传播的趋势，即各种指标都想进入考核体系，各种指标的权重比例是多少，将涉及教师的个人利益和学科的集体利益，因此激励性考核的设置将引起很大争议。

第三，适当平衡团队评估需求。所谓平衡评估需求，是指对教师其他工作和团队综合价值的调查和评估。因为在目前高校的工作模式下，高校教师不再是孤军奋战。无论是教学团队还是科研团队，在很大程度上都需要有合作意识，才能有更好的产出。

所以一个教师除自身的能力、业绩之外，团队贡献也是一个很大的考量因素，比如有的教师在个体指标上可能表现并不突出，但是在团队中会占据一个特殊的生态位，通过各种配合工作起到了很大的作用，这就需要平衡考虑这种团队价值。

三、高校教师现行绩效考核的问题

（一）考核定位与目的不准确

高校教师绩效考核的对象是教师，考核的内容是教师的工作。因此，教师应该是绩效考核的主体，即教师对绩效考核的态度和认识至关重要，要充分考虑教师的意见，激发他们的积极性。但是，现行高校教师绩效考核计划的制订和实施过程中，高校管理人员并未充分征求普通教师的意见，通过学习别的国家和别的高校绩效考核的方式方法获得经验，导致本校绩效考核与学校、部门或教师的实际情况融合程度较低，导致很多教师不能正确地认识绩效考核，对绩效考核的评价是负面的。

同时，教师的绩效考核工作是高校考核教师教学质量、督促教师改进问题、进一步提高教师工作水平的手段，而现实中，很多高校对教师的考核工作定位并不准确，为了考核而考核。考核仅仅是为了给年终发放绩效工资提供依据。由于考核标准和考核方式过于固化，很多高校教师对绩效考核不重视，认为绩效考核无非是走过场；高校管理者也有畏难心理，担心得罪同事，在绩效考核的过程中感到不安、焦虑甚至害怕，在考核中"放水"，使得考核工作流于形式。

每个学校都有不同的考核，但其考核的效果却相差甚远，根本原因在于，并不是每个学校都能明确考核的目的，其对考核工作的重要性缺乏深刻认识，只是为了考核而考核。机械的考核形式让考核工作的作用得不到应有的发挥，也让教职工对考核工作产生了抵触情绪。对高校教师来说，主要有三种考核类型：一是思想表现考核，二是教学工作考核，三是科研工作考核。除对科研工作有一定的量化标准外，其他两种考核大多没有受到应有的重视，导致高校绩效考核实际上变成单一的科研考核。而对科研考核，也只是更多地考核其成果的学术层次和数量，根本不关心这些成果与人才培养的关系。考核目的不明确的根本原因在于，高校领导者对高校的主要职能和事业发展缺乏深刻认识和宏观把握，对学校的办学理念缺乏深刻思考，使学校处于被动的应付状态，对照数字来办学，只要数字而不管这些数字对学校的事业发展是否会产生积极的推动作用，有些高校为了达到目的甚至不惜弄虚作假。

（二）对评估目标认识偏差

评估目标影响着评估的方式，制约着评估的效果，高校教师绩效评估的主要目标是发现教师教学过程中的问题，促进教师的成长。设定相关标准开展绩效考核，确定大学教师的晋升、降职或解聘，以提高大学教师的工作积累，同时通过绩效考核，还可以促使教师在发展的过程中不断地改善教学环节，但是当下很多高校在设置评估目标的时候，往往都是只注重对教师的影响，而忽视了对高校的影响，这使得高校教师绩效考核的作用发挥比较单一，直接影响绩效考核标准的制定和考核工作的实施，影响高校教师的绩效考核结果。

（三）考核标准失当

由于教师年龄段、职称及所教学科的不同，评价标准应该是多样的，同时在高校绩效考核制定的过程中应该着重分析高校的历史和定位、高校学科发展水平等影响因素，制定更为多样化、更为多元发展的考核标准。但是当下，在制定教师绩效考核标准时，采取的依然是同一个考核标准，忽视了考核对象的特殊性要求，这就导致高校教师绩效考核的作用发挥不当，忽视学科差异，影响了一些脆弱学科教师的积极性，不利于脆弱学科建设和人才培养，不利于科研平台的建设，也在一定程度上影响招生质量和教师引进。

许多高校对绩效考核标准采取简单的"一刀切"，将考核结果分为优秀、良好、合格和不合格，每个等级的人数设有一定比例，管理者大多根据比例来确定教师的考核等级，而非教师具体的工作业绩，且缺少对不同学科、不同类型的教师分类考核标准，所以即使是考核等级相同的教师，工作水平也可能存在较大差距。

　　有的高校对教师的绩效考核评价指标只有学生评价这一项，而忽视了师德评价、同行评价、领导评价、社会服务等因素，这就导致很多教师为在评价中得高分，不重视教学质量而一味地通过各种手段讨好学生，有的教师甚至用考试分数威胁学生给自己好评。有的高校虽然在考核体系中纳入了同事评价和领导考核环节，但却给这两部分设置了较大的比重，无疑为绩效考核带来了新的问题，如有的教师为了能在绩效考核中得到高分，将工作重心转移到"如何在同事中有一个好人缘""如何给领导一个好印象"而非"为学生认真上好每一堂课"。这导致那些兢兢业业上课，却在同事和领导面前没有特意"刷存在感"的教师很难在考核中得到公正的对待。还有一些高校为了维护老教师的面子，给职称高的教师考核打高分，给青年教师的打分相对偏低，这也造成了考核结果的不公正，打击了青年教师的工作积极性。

　　绩效考核的目的是通过绩效激发教师在课堂教学中的工作热情，通过优化教学资源配置来促进教师和学生未来的发展。因此，绩效考核评价应当以教师本年度的工作量为基础，与教师的工作能力和工作绩效挂钩，不能将教师职称的高低与工作的年限相关联。一方面，教学指标的量化标准需要在一定程度上进行改进，例如对教学工作量的考核不能单纯依靠课时数量，还需要结合课堂教学效果进行综合评价，将学生评价、督导评价及同行评议等全部考虑在内，否则在教学评价过程中会造成教师单一追求课时工作量的不良后果；另一方面，在高校教师思想政治教育工作的考核方面也需要进一步改进考核标准。从现有的高校绩效考核方法来看，除非教师存在重大的违反师德师风行为，否则对教师思想品德的考核基本上形同虚设。但在平时的工作开展中可以看出，一些公益性质的工作没有教师愿意主动承担，而一旦这些工作与教师的考核评价和个人利益相关联，大多数教师都会主动参与公益性质的工作。由此可以看出，当前我国高校教师绩效考核指标评价标准还不够科学，需要在此基础上通过多元统计分析方法进行深入的探究和实践。

　　考核自然要有考核标准和严格的考核流程，以保证考核结果的科学性和合理性。事实上，高校的很多考核看似有标准，实际上没有标准，如思想政治表现考核，列出了一系列的要求，考核人对照这些标准对被考核人进行评价。这种机械的考核并没有结合被考核人的工作实际来进行，且受考核人的主观意识影响甚大，因此考核结果不具有什么科学性。另外，教学考核程序比思想政治表现考核要复杂，一般包括学生评价、同行评价和学院教学委员会评价三部分，最终加权处理后得出一个成绩。这种看似科学的评价，也因考核缺乏标准、考核过程形式化而失去其合理性。

（四）方法和监督存在漏洞

绩效考核的方式方法影响着考核的效果，但是当下很多高校对教师绩效考核一般采取的是年终集中考核的方式，一年中高校教师的工作量和素质都集中在短时间内进行考核，考核采用的是对教学情况的学生打分的方式，这就导致考核时间过于集中，考核工作处理不当，同时可能由于学生的主观性和集中性产生片面认识，导致考核情况的失衡，另外，教师绩效考核不符合其发展、晋升及薪酬相联系，导致广大高校教师成为绩效考核的被动接受者。

同时，高校教师的绩效考核工作本应以教师为主体，但现实中高校教师的绩效考核评价工作却是以高校管理者为中心的，绩效考核标准的制定、绩效考核方式的确定和绩效考核结果的测算，都是高校管理者说了算，教师没有参与权，且对绩效评价考核的监控和反馈均不到位。

当前，多数高校对绩效考核工作缺乏主动监督意识，绩效考核工作存在重制度安排、轻过程监控、主动规范性监管不力等问题。在这种体制下，教师若对绩效考核过程中某些事项存在异议，就需要到相关部门反映，导致解决问题的周期过长、流程过于复杂。

目前，高校教师绩效考核制度以量化指标为主，缺少激励因素和人文关怀，没有考虑教师工作的隐性、动态等特点，再加上长期形成的考核行政化弊端，以及大学存在的"官本位"思想，严重挫伤了教师的教学热情和积极性，甚至破坏了高校和谐的人文氛围；而且高校教师绩效考核中往往为减少工作任务而采用统一标准考核评价所有教师，没有充分关注教师的个体差异，评价理念僵化，难以发挥教师自身的特长。错位的评价理念影响了教师的教学质量。因此，高校绩效考核者要转变自身观念，真正确立以教师为本的评价理念，扮演好对话的倾听者和合作者角色，创造良好的外部环境，激发教师内在发展的积极性和主动性。

绩效考核的指标是影响教师工作方向和工作效果的重要因素。考核指标是否细化直接影响了教师工作计划和工作安排，进一步也会影响教师在课程开展过程中的教学效果。如果指标考核体系相对简单，没有将教师的教学学科、教学岗位及各项教学能力充分考虑在指标体系标准中，那么形成的考核结果就缺乏参考价值，无法对教师一年的工作业绩进行科学合理的评价，这样不仅失去了绩效考核的意义，也会在一定程度上降低教师的教学积极性。尤其是在一些综合性的高校教学中，学科差异相对较大，教师岗位种类相对较多，教职工的身份也比较复杂，教学内容、教学工作及教学计划的安排无法进行直接的指标比对，例如一些人文学科需要长期研究基础学科，产学研结合和成果转化相对较难，而理工类学科无论是纵向课题还是横向课题都有较多的收益，因此，需要对考核标准的分类进行进一步的细化，明确不同教师在考核指标上的差异性，只有这样才能够确保教师考核结果具有参考价值。

（五）社会环境的功利化

绩效考核管理工作本应是过程和结果的有机统一。但现实中许多高校只重视对工作业绩的考核，却忽视了绩效管理过程中的行为指标，浮躁的社会风气和功利化的社会导向，是造成当前高校绩效考核唯论文、唯职称、唯学历、唯奖项的主要原因。在高校教师人事管理制度改革浪潮中，绩效考核改革的焦点就集中在克服功利化倾向上。由于功利化的市场之风对教师工作积极性产生了负面影响，造成教师的短视行为，降低了人事管理的效率。绩效工资促使教师教书育人角色的偏离，在绩效考核中教师过于追求业绩，减少了育人方面的积极性。

一方面，育人的隐性作用需要时间的积淀，延迟了反馈的效果，具体表现为：重科研、轻教学，重科研数量、轻质量，对于与教学行为有关的教师工作动机、工作态度、工作热情、工作方式和投入度等考核指标更是选择直接忽略。

另一方面，功利化的社会导向和绩效考核指标，造成教育观念的功利化，既伤害了教师又伤害了学生。高校重功利化的表现主要集中在：一是职称评审功利化，比如过于追求海外留学经历和出国深造学历，二是学术研究功利化，教师为增加收入，套取国家经费的现象屡有发生；三是考核功利化，只追求课时的量，而忽视课程的质。最终造成教师绩效考核在不同层级不同职称教师的满意度上存在较大差异。此外，考核过程的行政化较为严重，增加了教师工作的负担。当大学承担科研这一社会职能时科研便束缚了高校发展的活力，限制着高校教学的长远发展，而人才培养才是高校的根本任务。由于高等院校过于重视科研，在绩效评价中给科研工作评价的权重很高，对于授课工作的权重则较低。但实际上高等院校又给教师规定了偏高的授课工作量，挤占教师的科研时间，导致教师缺乏足够的时间精力完成科研任务影响其绩效成绩。

许多高校在学期初就给教师布置好教学和科研等任务，作为期末考核的依据，却对教师完成任务的过程漠不关心，既不为教师提供物质或精神的支持，也不对教师在完成任务过程中遇到的困难及时提供帮助，使得很多教师在孤军奋战中常常陷入自我怀疑，较难完成绩效任务。这使教师极容易产生不满情绪，更会降低教师的工作热情，不利于教师成长和进步。

重科研轻教学现象由来已久，对高校教学产生了深远影响。从绩效考核的内容来看，多数教师认为绩效考核的目的可以体现学校宗旨，在指标体系上具有可操作性，考核内容也相对全面，绩效考核的科学性也会直接影响其绩效工资分配的满意度。但绩效考核的激励作用还有待进一步开发，不少教师认为科研奖励较低，考核量化指标难以和工作实际挂钩，甚至在某些工作上难以量化，所谓"额外的工作投入"影响了自身的工作积极性。长此以往，过度重视相对容易量化的科研论文，给高校带来了重研轻教、学术浮躁等问题，严重影响了教师的教学质量，甚至为学术腐败提供了滋生的土壤，给高校育人环境造成了冲击。

（六）资源分配不均匀

在绩效考核的实际过程中，拥有高级职称和初级职称的教师收入差距较大，而且其对绩效考核的反馈意见也不一致，都对绩效考核的指标设计存在公平性的期望，说明在高校资源分配上存在不公平现象。部分教师反馈工作投入大，绩效工资收入却低，存在潜在的工作量未纳入绩效考核的范围之内。在意见中还有教师反映少数教师资历老、教龄高、工作投入少却获得高收益。造成以上现象的主要原因就是高校教育资源分配的不均，甚至是教育资源分配的差异。教育资源是教育事业健康发展的命脉，包括和教育相关的人、财、物资源。尽管国家倡导教授工资不低于公务员平均工资水平，但现实中，二者仍存在较大差距。博导、教授一般不仅有职称还有行政干部级别，甚至兼任多个社会职务，不仅掌握着学科领域的话语权，也占据着优质的教育资源，而青年教师队伍则处于教育资源的下层。我国在发达地区和欠发达地区及城乡等地存在教育资源分配不均衡的顽疾，还需要设计合理的教育资源分配制度，缩小教师间的差距，提高教师待遇，促进教学师资队伍的均衡。

（七）评级制度存在弊端

高校教师评级制度关乎教师队伍素质和教育质量的提高，对人才培养质量也有着直接影响。在当前的大学生态环境中，少数高校教师为了顺利评上教授，不惜走上学术不端道路，买卖交易论文、专著明码标价等现象较为普遍；而且在民办和公办、大学和学院、本科与专科间的职称等级还存在互不认可的潜在规则，在评级制度的长期影响下，职称也被注入"水分"。绩效考核同工不同酬的问题没有得到解决，在传统的职称评级制度的实际过程中，也多以考研升学率、学生就业率、获奖名次等级、论文发表数量为依据，较为片面，过于量化的评级标准在一定程度上也增加了教师负担。而作为教育教学的主体，庞大的青年教师队伍反而在评级制度的设计过程中缺乏发言权。由于科研成果相对容易量化，导致高校教师评级制度过于重视科研产出，忽视了科研的质量和教学的工作投入，因此，不断有学者抨击当前的评级制度都是制造学者型专家，缺乏教学实践性学者。在传统评级制度下，身处广大一线教学的教师的利益难以得到保障，还需要克服传统评级制度的弊端，保障教师的主体地位，提高教师的广泛参与。

从目前我国高校教师绩效考核评价指标来看，大多数高校教师的年终绩效考核结果分为优秀、称职和不称职三个等级。在考核评价的过程中，高校会规定一定的优秀比例，完全按照名额分配，不称职的教师也没有明确的处分文件，其余都是称职或基本称职。庞大的称职教师群体是我们应该关注的，因为从目前来看，宽泛的考核等级划分不利于高校教师工作积极性的提升。在优化教师绩效考核指标体系的建设中，应当进一步细化考核结果，综合各项指标对教师进行综合全面的职称划分，从而保障教师教学积极性的有效提升，促使教师进一步主动参与教学活动和集体活动。

（八）考核制度的滞后性

由于绩效考核方案具有一定的适用周期，科学、合理的绩效考核制度具备动态性特点，僵化、一成不变的考核制度难以适应社会时代的快速发展。由于高校考核行政化严重，而高校教师从事的又是复杂的知识生产劳动，多数教师身兼多职，既承担着教学科研任务，还需要处理额外的行政事务，容易滋生绩效考核的不和谐因素，难以保证绩效考核制度的良性运行，长此以往，造成考核制度缺乏活力和效率。在高校中，教师角色需要和大学生态环境的学生、教师、领导、家长、家人、社会人员不断发生联系，反映在教师绩效考核制度层面必然会出现这样或那样的矛盾。一方面，高校自身发展存在外部竞争，其发展定位和职能的转变容易导致相关配套制度的不健全，影响到人力资源的开发和高校发展战略的实施；另一方面，由于教师群体收入相对较低，考核用人机制缺乏有效的激励作用，甚至在人才招聘方面，存在一定的信息不对称和僵化的招聘解聘机制，会造成人才流失，在部分高校还会形成一定的学术派系，阻碍了高校的健康发展。此外，高校办学自主权有限，会受到地方政府行政干预和制约，难以真正做到根据市场和效益进行绩效考核，降低了绩效考核的意义，也打击了考核人员的信心。

高校很多项目就是为了考核而考核，不重视考核的结果，也没有见到这些考核结果发挥了什么作用，因此，使考核失去了其应有的意义。考核不是目的而是推进工作的一种手段，之所以进行考核，就是为了客观地评价人和事，肯定成绩，指出问题，从而有利于改进工作。而实际上一些考核缺乏科学标准、过程流于形式，结果也没有什么科学性、合理性可言，不能反映实际情况。当考核结果不具有科学性、合理性，考核者也就不主动把这些结果与教职工的切身利益结合起来，反之，教职工也不关心这些考核的结果。考核结果不被合理运用，就失去了对工作的推动作用。

第三节　高校教师多维绩效考核方法

一、明确考核定位与目的

首先，高校要明确教师绩效考核的目标和定位：从高校层面来说，要为高校的战略发展目标服务；从教师个体层面来看，要为教师职业发展服务，提高教师工作业绩和能力。绩效考核是一种科学的管理制度和方法，而不应只是确定收入分配的工具，因此高校教师绩效考核在目标制订上，既要以高校战略目标为中心，也要兼顾教师个人发展，实现手段、方法和目的的有机统一。高校要根据自身办学实际情况先设置一个总目标，然后根据各个学院和学科特色，层层分解，分别制订不同的目标任务，包括师德、教学、科研和社会服务。只有将绩效考核两个方面的目标进行有机统一，才能使绩效考核顺应社会发展，体现人力资源管理的价值。

对于高校教师绩效考核的优化，应该着重思考的是教师的认同和满意度，只有这样，才能真正调动广大教师的绩效考核积极性，因此在考核之前，应该通过专门的领导小组对其进行调研，对教师的态度进行调查，对考核方式、考核系统进行完善，应充分尊重理论研究成果，并充分利用研究成果，真正尊重教师的主体地位，端正考核的态度。

考核目标的确立是一个严肃的工作，需要做大量的调查研究。一个目标的确立，至少要弄清楚目标设立的依据，并且要从内部找依据，不能照搬照抄别人的做法。首先，要对学校有一个明确的定位，对学校的层次和发展阶段要有清醒的认识，要明确当前的根本任务，这是制定目标的基本前提。目标要与学校当前的发展阶段相吻合，不能好高骛远，制定出不切实际的目标。其次，考核目标的设立要经过充分的讨论，广泛征求意见。不管是哪一类的考核，不管这一类的考核由哪个部门负责，在考核目标的确立上都要广泛征求意见，不能闭门造车。很多考核之所以脱离实际，就是因为没有做深入的调查研究，没有经过深入的讨论。

二、转变理念，规范程序

教师对绩效考核的认识和态度直接决定着绩效考核实施的功效与意义。因此，高校应积极改变教师传统的绩效考核观念，指导教师树立正确的绩效考核观。

首先，高校要在绩效考核过程中积极传播绩效考核的概念，深化教师对绩效考核的认识，帮助教师充分理解绩效考核的内涵和作用。要想转变传统过时的绩效考核理念，还需要高校坚持可持续发展的指导思想，以通过考核评价设立的业务流程和质量标准，促进教师的全面发展。教师绩效考核的关键并不在业绩的考核，而是为了优化管理、提高效率而考核。因此，高校在绩效管理和考核前要进行大量调研、广泛征集一线教师意见，积极进行宣传和讲解，让教师明确考核的目的，提高绩效考核的执行力和教师队伍对绩效考核的重视程度。由于烦琐的工作任务，当前教师对绩效考核的了解相对浅显，多数教师尽管关心自身绩效考核的结果，但并未深究绩效考核的意义和目的。

其次，还需要从绩效考核的原则、目的、管理细则和预期达到的效果入手，积极宣传高校绩效考核和薪酬改革的基本原则与重要性，让教师真正理解绩效考核制定的依据及体现的效益本质。只有在观念上达成一致，教师绩效考核才能在实施过程中事半功倍。而且承担绩效考核的行政部门，要主动疏导绩效管理的各个环节，畅通绩效考核的信息反馈渠道，确保考核开展的落实真实有效。具体可以通过计划考核模式分解绩效考核的任务布置、过程反馈和结果统计等工作，明确考核的责任与标准。在明确现有的绩效考核体制上，要针对存在的问题进行梳理解决，在绩效考核的过程中切实做到"以人为本"，充分尊重教师的表达和诉求。还要在思想上强化绩效考核目标主体，强化对绩效考核结果的反馈与监督，增加对教师过程性考核的比重，兼顾考核的形式公平和内容公平。作为被考核对象，高校教师自身也应积极主动了解绩效考核的措施、规范和内容，对绩效考核进行独立思考，客观看待绩效考核制度。

最后，没有科学、合理的考核程序，就难以保证考核结果的公平、公正。一些高校虽然制定了严格的考核细则，却缺乏严谨、科学的考核程序，导致考核结果受主观因素的影响过多，从而失去可信度。考核主体对考核对象固然有一定的自由裁量空间，但这个空间不能太大，考核结论要有事实依据，不能受考核主体主观印象的干扰。对于同一考核对象，不同的考核主体应该有大致相同的认识，如果这个差距太大，就要考虑考核程序是否有问题。比如对教师教学质量的考核，虽然有学生、同行和学院教学委员会等不同的考核主体来实施，但也不能保证考核结果的合理性。由考核的实际程序看，三类考核主体所凭借的不是事实依据，而是主观印象。比如，同行和教学委员会成员很可能对该教师的上课情况及其他工作环节并不了解，而学生也可能只是根据自己的主观好恶来评价。考核当然不能排除主观性，但毫无疑问，应该要有事实依据，不能凭主观想象来对一个单位或一个人进行评价。

三、重塑评估目标

考核目标的制定是考核发展的前提，更是考核发展的保障。正确的绩效评估观点包括对绩效评估目的、过程和重要性的正确理解。正确的认识考核目标涉及的是两个方面的因素：首先，管理者应该充分认识考核目标，端正对考核的态度，制定科学的方式方法，循序渐进地推进绩效考核工作；其次，广大高校教师应该积极学习绩效考核的有关文件和政策，了解绩效考核的有关要求，让绩效考核真正推动自身不足的改善。

四、细化考核指标

面对绩效考核难以直接改变的外在环境，细化考核指标是优化绩效考核体系、提高教师绩效考核满意度最简捷有效的方法。考核指标是绩效考核的依据和基础，也是绩效考核的出发点，处于绩效考核中的核心位置。绩效考核不仅是教师管理中激励和惩戒的重要手段，考核结果在很大程度上直接决定了教师的工资、奖金和晋升，与教师职业成长有着紧密的联系。一般而言，细化考核指标被认为是进行绩效考核的原则和要求，传统绩效考核多为定性总结，有失客观，因此，高校需要根据不同岗位特征细化考核指标，而且考核指标既要定性又要定量，兼顾工作实际和需求。对难以量化的日常事务性工作，其关键在于考核的过程监控，必须坚持"以人为本"，与教师相关的管理、考核要尽可能做到"公平"、令人信服。譬如可以借助大数据手段，通过广范围、长时间的收集分析不同岗位的工作特点，以考勤记录、实验记录等客观材料和数据作为教师绩效考核指标设计的材料支撑，避免"人为干扰"的主观感情因素，降低考核不公平的风险，而且要增加师德权重，以德为先，重视教学业绩，突出教学质量评估，提倡教师走出校门为社会服务。考核指标的细化要分阶段、结合教师学科背景和工作岗位来设计，尤其是要将数据获取的成本作为参考，同时要注意绩效考核不能过分追求量化，要掌握好考核指标设计的量化的尺度。针对定性指标可以采用传统的优、良、中、差4个等级作为评分依据，采用标准的描述法界定教师的工作投入程度。在设计评分标准时，应尽可能将岗位内容描述得具体明确。当定性指标不能满足绩效考核的实际需求时，可以通过增加绩效管理手段，例如要求考核者针对评分结果写明考核依据或畅通绩效考核申诉的渠道，留有"伸缩余地"，以保障教师绩效考核的操作公平，弥补指标量化的不足。

五、构建多元化考核评价体系

在评价标准上，高校要改变以往单一的绩效评价体系，要兼顾对教师师德、教学、科研和社会服务等的关注与考核，并要明确每个指标的详细标准及分布占比。在绩效考核等级的设定上，高校也不能"一刀切"，不应将考核结果简单地分为优秀、良好、合格与不合格，而应根据学科和专业实际，完善评价标准。如在制定绩效考核标准时，要区分文科、理工、艺术和体育类专业，不同岗位的教师也要分别制定不同的考核标准。

在评价方式上，高校要建立自我评价、学生评价、同事评价、系主任和院长评价等多个评价主体参与的考核机制，包括定量的综合分数计算、定性的业绩等级判断和目标管理考核等多种考核方法，以及明确测评内容、测评时间、测评人员、测评方式及责任划分等。当下的评估方式较为传统，绩效考核方式存在较大不足，因此要不断地创新评估方法，采用定性和定量相结合的方式，通过定量方法评估其科研数量，并通过定性方法评估其道德和态度，同时要在年终考核的基础上，设置日常的考核，让考核深入其工作之中。

六、优化考核资源

绩效考核资源作为一种无形资源，易被人忽视，其内容一般是指与绩效考核相关的人、财、物等。因此，高校要重视绩效考核的作用，统筹绩效考核资源，发掘绩效考核的激励价值。在重视绩效考核作用的同时，更要给予强有力的支持，消除绩效考核实施的阻力。在绩效考核实际过程中，处于领导阶层的人员享受了独特优质的绩效考核资源，比如考核的提前或延迟，甚至因其在某一方面的特殊贡献，而将其与教学无关的工作纳入专项考核，"考核对人而不对事"。一方面，高校领导凭借其工作经验和职称等因素，无形中占据着领导权，考核时存在着对领导没有明确的考核截止时间或考核默认优秀的潜规则。尽管不可否认高校领导有着一定的贡献，但这也是绩效考核资源分配不公平的一种体现。另一方面，领导往往能够直接或间接影响到部门所有人的考核结果，甚至能够直接决定普通教职工的考核等级，若领导自身在考核中"一言堂"，不能做到公平、公正，长此以往，损害了绩效考核的公信力。因此，高校需要优化考核资源的配置，减少领导在绩效考核中的干预。为保障绩效考核的公平、公正，还需要强化考核人员的专业素养和责任，在制度设计、资源配置上更要充分考虑公平因素，杜绝人情因素对考核过程和结果的干扰。当考核制度在广泛征求教师意见的基础上，经反复讨论通过后，作为制度的执行者或掌权者则不能朝令夕改，必须一以贯之，在某些重要的绩效考核场合，直接领导者仅如实陈述汇报工作即可或应尽可能遵守回避原则，避免人为倾向对考核结果判定的干涉。在考核材料方面，每个教师也应如实提供，不弄虚作假，自觉遵守考核规则和制度，做到合规合法。此外，考核资源的分配应尽可能遵循公平、公正、公开原则，考核部门更要搭建良好的申诉交流平台，为保障教工权益拓宽渠道。最后，高校绩效考核资源配置的核心在于绩效考核的质量，高校在对教师开展绩效考核时，要以工作投入或科研质量为评判依据，而不能仅停留在数量或时间上。

七、完善监督机制

为确保绩效考核工作公平、顺利开展，绩效考核应坚持公开透明原则。高校要将绩效考核的标准、程序和结果等信息向全校公开，并且为实现评价双方的充分沟通，确保教师享有申诉权利，高校要设置相关的制度保障机制。

其一，建立监督机构，完善监督体系，明确监督责任，构建强有力的考核监督体系。高校要组建人事、组织、纪检监察等相关部门联合的监督工作小组，明确各方责任，加强对考核工作的监督，对暴露出来的问题进行及时处理，确保教师利益不受侵害，保证考核过程和考核结果的公平、公正。

其二，强化日常监督工作，将监督工作贯穿绩效执行和考核过程的始终，过程中要突出教师的主体地位。绩效考核工作是为教师服务的，负有监督职能的工作人员要积极履行监督职责，及时收集教师日常工作的相关信息，包括教学、科研、师德师风、工作满意度等，并形成书面材料，为最后的绩效考核、绩效改进提供事实材料，为有效实施绩效管理提供有力支撑。

考核制度的更新是绩效管理创新的基本保证。只有创新、适应时代和现实需求的考核制度，才能真正做到绩效考核工作的创新。有研究者指出：高校教师的绩效工资考核制度，必须要紧紧围绕高校教育的教育职能，并充分结合高校发展的客观实际，针对高校教师的工作特点，进行科学合理的规划与管理，并加以严格的监督，才能够有效促进高校绩效管理的深入发展。由此看来，在考核制度的设计之初，就需要坚持客观公正原则，公平评价教师的德才表现和工作业绩，坚持分类指导与分层评价结合、主观评价和客观评价结合，激发教师工作热情。考核制度的更新首先需要明确岗位职责划分，只有在考核定岗前对岗位职责和考核标准进行明确说明，才能最大限度地争取教师对绩效考核的认可和接纳，方便后期绩效考核工作的开展，强化绩效考核制度的可操作性。其次，要强化绩效考核的定量与定性的综合考评，尽可能全面考核教师各项教育教学指标，提高绩效考核的客观性和精准性，确保教师工资和工作实绩的匹配。此外，绩效考核制度的优化既要明确考核对象和范围，细分教师岗位类别，又要明确考核类型和方式，同时要兼顾考核制度办法的时效性。比如许多高校在绩效考核办法中将考核内容分为师德、教学业绩、成果业绩及岗位业4绩种，基本覆盖了高校教师的工作种类和内容。其业绩标准同样也是根据工作类型的不同而划分业绩定额。就教学业绩考核办法来看，其定量标准包括课程教学工作量、课程系数、授课学生系数、教学工作质量系数、教师的教学过程质量系数和实践教学工作量，与传统的单一以课时数量为考核标准相比，内容全面且贴合现实实际。也只有考核制度不断完善、优化，才能切实调度教师的工作积极性，使考核的奖惩兑现做到规范、有序、合理。科学、系统、高效的绩效考核制度需要实时更新，才能实现高校战略发展的目标，保持高校和教师队伍的协同发展。在考核制度的更新上还可以定期动态调整，如三五年为一个周期，邀请专家进行评估修订，并紧密围绕相关教师考核政策文件精神不断强化考核制度的适应性。

八、创新考核方法

在绩效考核方法的创新中，高校教师绩效考核方法不能生搬硬套外来的先进经验，而要结合高校本身发展实际。考核方法在整个教师绩效考核的过程中占有非常重要的位置，是教师绩效考核制度的核心，关系着教师及学校的正常发展。一方面，教师的劳动具有难以计量性、创造性、差异性、迟效性、交叉性的特点，这些特点决定了教师教学评价应具有全面性、复杂性和模糊性；另一方面，高校办学定位不同、区域发展不一、学科发展实力同样存在差别，高校内部在人员构成、历史传承等方面也不同。因此，考核方法上不能"一刀切"，而要结合高校综合实力，根据自身办学条件具体问题具体分析。考核方法的制定更要考虑学校本身的执行力，在兼顾全局的同时，注意不同岗位不同诉求；同时要强化考核方法的沟通交流，注意考核制度和方法的人性化，坚持以人为本；还要发挥绩效考核方法的激励作用，强化绩效考核方法的择优汰劣机制，创新管理方式，选好用好人才。考核方法既要注重考察教师工作业绩和能力，实现"人"与"事"的结合，做到"以事评人"；又要注重考核的客观性和公正性，有针对性地加强日常工作的记录和管理，完善对教师年度考核与日常考核的管理机制。在绩效考核方法的实施过程中，要明确考核内容的分类，针对工作实际的差异可以采取不同的考核方法和策略，结合考核目标形成特色。针对考核方法的革新更要贯穿考核准备过程、考核的实施及考核结束后的评价反馈。在绩效考核总结时，还需要及时反思总结完善现有的考核方法，以便为下轮考核做好准备。此外，要畅通考核方法设计优化的反馈渠道，积极听取基层一线教师的意见，并及时吸收到考核方法和理念当中。最后，要使考核方式更加合理，既要常态化考核，又要突击式考核，还可以交叉考核，针对高校教师工作特性合理分配教学与科研在绩效考核中的比重。还可以吸取社会企业的成功管理经验，利用信息技术手段，及时更新考核方法与内容，确保绩效考核结果的真实性、及时性、有效性。

九、合理运用结果

高校教师工作的特殊性决定其工作内容和工作效果无法完全通过考核评价结果体现。如果高校教师仅仅是为了绩效评价而工作，就会在工作过程中忽略对学生的爱心、耐心、责任心，忽略对科研工作的探索，这样是无法体现教师的工作价值的。所以，对高校教师的考核评价既要看反映其工作效果的最终结果，即结果评价，也要看教师在工作过程中所付出的努力，即过程评价，两者相结合，才能更完整地反映高校教师工作的全部内容，才能更科学、合理地体现高校教师的工作成效。

为了使绩效考核更加全面、客观，高校管理者需与教师协商，共同制订绩效计划，具体包括师德、教学、科研、学历晋升、职称评定、社会服务等方面。同时，高校管理者要给予教师持续的关注，如可通过随堂听课、向同事和学生了解情况、查看教务处反馈等方式获取信息，以便在教师遇到困难的时候，能够第一时间掌握相关信息，及时与教师进行沟通并给予帮助。高校管理者只有充分关注教师的工作过程和进展，才能对每一个教师的工作做出客观、公正的评价。

如果考核结果得不到合理的运用，这种考核将会失去其原本的价值。绩效考核，不仅是绩效工资发放的需要，更要起到激励教师，促进教师个人的职业发展，实现大学功能最优化的作用。首先，要把考核结果运用到评奖评优中。授予荣誉是对教师进行激励的一种重要形式，学校要把荣誉与教师的绩效考核结果关联起来。其次，要把考核结果运用到晋升晋级中。在选拔任用干部时，要把绩效考核结果作为重要的考量因素，让那些有工作实绩的人得到提拔任用。在职称晋级方面，要把教学、科研、社会服务等方面的绩效考核结果作为重要的评价依据，对职称晋级申请者进行更全面的评价，而不能仅以某一方面的成绩作为其评价标准。最后，要把考核结果与工资、福利挂钩。"吃大锅饭"不能调动人的积极性，必须把教职工的工资、福利与绩效考核结果挂钩，实行优绩优酬，那些埋头苦干、成绩突出的教师理应获得更多的物质回报。

第五章 高校教师薪酬制度与激励机制管理

　　薪酬制度管理向来是教师队伍管理的核心内容，薪酬结构是否合理，会对教师的工作绩效产生不可忽视的影响。同时，有效的激励机制可以激发教师的创造力和工作热情，进而达到提升高校人才实力、完善高校人才管理体制的效果。当前高校的薪酬制度与激励机制尚且存在一些问题，导致高校的发展受到了制约。因此，本章从高校教师薪酬制度与激励机制的内涵、薪酬制度与激励机制的现状及针对现状的优化方法等方面进行了阐述，为改进高校教师薪酬制度与激励机制奠定理论基础。

第一节 高校教师薪酬制度管理

一、高校教师薪酬和薪酬制度的内涵

（一）高校教师薪酬的内涵

　　高校教师薪酬是高校教师通过自身劳动所获得的工资与福利等形式的报酬，高校教师薪酬是调动高校教师工作热情的重要因素之一，首先，对于国家而言，高校教师承担着科教兴国的重大责任，他们不仅是培养高素质人才的工程师，也是国家科技创新的重要力量，要调动高校教师的工作积极性为国家经济与科技的发展提供人才支持；其次，对高校组织而言，高校教师队伍是从事教学与科研工作的主力军，高校教师薪酬对于教师发挥着保障与激励的双重功能，为教师安心教学与科研提供物质保障，为提升教师的学术热情提供激励。李萍认为，高校教师薪酬是指教师根据职称、能力、学历、贡献和工龄等因素的不同所取得的不同待遇，其中主要分为货币性和非货币性的外在报酬、工作的乐趣与挑战性等内在薪酬部分，让高校教师获得一定的经济来源，能够保证高校教师的基本生活需要。

　　教师能一直留在高校认真开展工作，与完善的薪酬体系密切相关。高校要打

造具有竞争力的薪酬标准，根据教师对高校的贡献程度和岗位要求，合理分配薪酬，就能最大限度调动教师对工作的热情，使其对工作充满责任感。高校要保证薪酬标准的合理性和公平性，激发教师的竞争意识，通过富有吸引力的薪酬，鼓励更多优质人才来到高校。

（二）高校教师薪酬制度的内涵

高校教师薪酬制度，从广义上来说是指国家对高校及高校教师有关薪酬的一系列管理制度，反映了一个国家的高等教育管理体制和高校教师管理体制；从狭义上讲是指高校为了给员工提供公平合理的待遇和机会，根据国家的人事管理政策，结合高校自身的发展目标与管理模式而制定的对所有高校教师均适用的一系列准则。乔治·米尔科维奇（George Mirkovic）等学者指出现代薪酬制度主要由薪酬目标、薪酬水平、薪酬结构、激励计划、薪酬管理与评价等 5 部分组成，其中薪酬目标主要指薪酬的指导方针；薪酬水平是指雇员的单位支付给雇员报酬的平均水平；薪酬结构主要包括纵向与横向两种结构，纵向结构指同一单位内部各种工作岗位之间薪酬水平的比例关系，如同一高校不同职称、不同学科的高校教师薪酬分布状况及其差异，而横向结构指各具体要素构成及其发挥的功能；激励计划也叫绩效工资，包括奖金、绩效加薪等；薪酬管理与评价指对薪酬的制定、调整、发放等实施的一系列管理与评价。

二、高校薪酬制度对教师工作的具体影响

（一）薪酬制度对教师的需求产生影响

实际上，高校薪酬制度与教师的需求是相挂钩的，因此教师在从事教学工作过程中所处的岗位、所获得的教学成就都会获得相应的报酬、奖励、补贴。而这些经济收入数量与教师薪酬所占比例是密切相关的，加上教师从事教学工作，本身就是一个付出了劳动力、时间与精力的过程，其最终目的不仅是促进自身的专业发展，也是为了获得自己应得的劳动报酬，以满足自己的生活需求。若高校薪酬制度不合理，则意味着教师的薪酬占比不合理，使其能够获得的薪酬与教师的需求不相符合，就会让教师的期望与实际所得产生差距，这种落差感会让教师的工作积极性下降，还会使其在生活需求得不到有效保障的情况下，产生负面的心理情绪，使其职业幸福度下降。从长远看，这种现象并不利于保障教师队伍的心理健康发展，也会阻滞教师队伍建设的健康运行。

而且教师的职业幸福度、职业心理健康都是影响其工作绩效的关键因素。当教师在从事教学工作时难以保障自己的生活需求时，则难以专心致志地将精力都投放到教育事业上。尤其是教师在开展教学研究工作时，更需要足够的教学精力予以支撑。同时，教师的心理健康环境也会影响其工作精神状态，会让教师不再只是单纯地面临工作压力、其他同事带来的竞争压力，还会感受到现实生活带来的压力。因此，薪酬制度是否具有合理性，关系到教师的需求是否可以得到满足，也关系到教师是否能够拥有足够的精气神，应对教学工作的一切问题，提高自己的教学工作绩效。这就要求高校将薪酬制度的合理设置与科学管理工作放在重要的位置，要确保教师的薪酬水平与其期望的经济收入水平相差不大，减少教师的心理落差，让教师在自身需求有保障的前提下，专心致志地提高自己的工作绩效。

（二）薪酬制度对教师的归属感产生影响

增强教师的归属感一直都是高校教师队伍建设的重点内容，其根本目的是让教师在岗位上发光发热，树立职业荣誉感，为学校的教育事业做出自己最大的贡献。而且教师的归属感会关系到高校能否吸引优秀的人才、能否留住优秀的教师，但若是教师对学校的归属感不强，甚至在教师长期开展教学工作的过程中，依旧难以对学校的教学组织产生依赖感，那么会直接影响教师的工作积极性，进而影响他们的教学工作绩效。

目前，高校为了增强教师的归属感与依赖感，一般都是通过薪酬管理的方式来实现的。而薪酬制度的合理性与薪酬管理的有效性密切相关，即薪酬制度若合理，则薪酬管理水平高、管理实效高；薪酬制度若不合理，则薪酬管理水平低、薪酬管理实效不理想。目前，高校的薪酬制度具有"当期分配"的特点，一般是根据教师的短期行为来判定其教学成果，从而决定教师的薪酬、奖励在整个薪酬体系中的占比。这并不利于长期地维持教师与教学组织之间的和谐关系，教师对教学组织的归属感与依赖感会局限在一定的范围内。当教师难以从薪酬制度中感到公平性，则会使其归属感、依赖感下降，甚至会出现功利化的倾向，将精力放在校外收益上。这无疑会抑制教师在校内的工作积极性，进而影响其教学工作绩效。高校应注重让教师的投入与产出成正比，让教师获得公平的对待，使其真正将学校当作是自己在职场上的"家"，愿意为校内的教学工作付出自己的精力，这也是教师为自己获得的薪酬而提供的回报。因此，从这方面来看，高校薪酬制度会对教师的依赖感、归属感都产生深刻的影响，进而在教师从事教学工作时，直接影响他们的工作绩效。

（三）薪酬制度对教师的创造力产生影响

教师在创造自己的工作绩效时，一般会注重提高自己的贡献价值，而教师的贡献价值体现在两个部分：一个是教学成果，另一个是科研成果。在目前高校的薪酬制度中，很难从根本上体现教师的教学成果及其科研成果。从这点来看，高校薪酬制度忽略了教师在教学工作中的创造性。实际上，高校要提升教师的工作绩效，不能一味地关注教师是否发挥了工作积极性，还应该关注教师是否发挥了创造力。

尤其是高校在实施教育改革以来，注重让教师开展创新教育。这一创新教育考查的就是教师的创造力，教师只有在充分发挥了自身创造力的基础上，才能让自己的教学工作获得创新的教学成果。在教育科研工作中，教师要获得科研成果，也离不开自己的创造力。这反映了教师的创造力是影响其工作绩效的核心因素，教师是否能够创造更大的贡献价值，也在很大程度上取决于他们的创造力。当前高校薪酬制度显然是不合理的，没能在考虑教师的创造力这一基础上，对薪酬制度进行优化。若高校不能从这方面入手，改进薪酬制度，让教师的创造力拥有充足的自主发展空间，那么教师在教学工作中难以做出特殊的教学贡献、科研贡献，使其教学工作越来越普遍化。这无疑抑制了教师的创造力发展，也缩小了高校创新教育的发展空间，更是缩小了教师个体的创新发展空间，最终教师的工作绩效水平也难以得到有效的提升。

（四）薪酬制度对教师的专业素养产生影响

教师在自己的职业生涯中，会与不同的人产生不同的交际关系，如教师与学生、教师与领导、教师与社会、教师与同事等。教师在与他们进行人际交往的过程中，会表现出自己独特的观念与行为，能够在一定程度上反映教师的专业素养水平。一个具备良好专业素养的教师，能够在自己的教学工作中兢兢业业，为教育事业付出自己的大量精力。而高校薪酬制度不合理，会影响到教师的专业素养发展，这一专业素养又会影响教师的教学工作绩效。

教师的专业素养包括专业知识与专业技能，而高校在考核教师的薪酬水平时，一般需要对教师的专业知识与技能进行具体的评价。教师的专业知识水平如何，专业技能是否熟练，都与教师的工作绩效息息相关。这是因为教师的专业知识与专业技能始终是教师开展教学工作时必不可少的两项基本素质能力，所以高校要让教师提升自己的教学工作绩效，就需合理优化薪酬制度。如今教育界倡导教师要自觉展开自主学习，提升个人的专业素养。他们在学习专业知识、锻炼专业技能的过程中，会专注于从专业的角度提高教学效果，提高自己的教学工作绩效。因此，高校应关注薪酬制度对教师专业素养的影响，这一专业素养与教师的教学工作绩效息息相关。

三、高校教师薪酬制度的现状分析

（一）薪酬水平缺乏外部竞争力

在我国，高校不仅聚集了大量高学历的高端人才，也有其他行业没有的资源优势，但是这些高校教师的工资却远落后于其他行业，这事实上是背离知识型经济时代要求的。随着经济的飞速发展，各行各业的人力资源管理制度响应时代的发展做出了很多变革。高校教师从事的是高级脑力工作，他们自身价值的体现表现为能否充分发挥自我的主动性及能动性，但与国内其他知识密集型行业的薪酬水平相比，高校教师目前的薪酬水平偏低，与国际上发达国家高校教师的薪酬水平相比则更缺乏竞争力。在人才竞争激烈的当今社会，薪酬水平偏低不能有效地吸引人才投身高等教育，对于留住人才、保持师资队伍的稳定也相当不利。

高校作为高薪、稳薪的典型模式，应实行岗位津贴制度，实行低薪、高价的福利待遇，加大高校内部分配，实行分级津贴。它是一种结合岗位绩效和职级分类管理的收入分配制度，但职级差距不均衡。收入差距主要体现在岗位层次的差距上，而不是根据员工的评价扩大差距。无论这种分配制度是否区分了不同职位的分配并扩大了差距，学校设置职位的基础始终是形式。目前，职称层次作为岗位分配层次，实行岗位分配，在一定程度上陷入了平均主义的分配模式。多年来，课时津贴在薪酬体系中占很大比例，但科研经费不足，重教学而轻科研。

高校教师具有高学历、教育高投入的特点，与其他行业和工作岗位相比，需要个人和家庭有较大的前期投入，应该获得高于市场平均水平的工资待遇，但实际并非如此。另外，高校工资发放主要是根据教师的职称和工作年限，资历较浅的教师即使贡献更大，工资待遇仍是较低。高校只有职称晋升时工资才会有较大幅度的调整，这严重打击教师工作的积极性。这样的薪酬制度下，教师会对工作失去热情。久而久之，如果有更好的机会，他们就会选择离开，而留下的一部分人会找兼职来提高自己的收入，在一定程度上会影响员工在校内工作的积极性，这两种情况对于高校的发展都有一定的不利影响。

（二）薪酬制度缺乏公平性与系统性

目前，我国高校教师薪酬制度单一，主要决定因素是教师的学历、职称、工龄。虽然 2010 年开始全面实施绩效工资制，教师本人和高校对绩效的重视程度日益提高，但现阶段各高校的绩效考核仍流于形式，很难避免分配中存在平均化、资历化现象，使得高校教师薪酬制度缺乏公平性。

同时，高校对于薪酬分配没有一个系统全面的计划，年初预算往往是走形式，没有认真分析预算方案实际运行的效果，最终导致预算分配不合理，到了年底总是会出现有些项目经费不足的情况，影响日常工作正常运行。另外，高校部分绩效津贴是平均分配，没有与实际绩效考核挂钩，影响薪酬分配的公平合理性，不利于激发教师的积极性，需要进一步完善薪酬制度，让薪酬、福利更加紧密地和年度考核联系在一起，提高教师的竞争意识。

在我国现行的薪酬体系中，经济性薪酬的比重太大，薪酬和奖金已成为教师绩效考量的一个形象化规范。结果一些教师做事情，有工资就做，没有钱就不愿意做，参与的积极性也不高。此外，高校教师因为长期性不坐班制，课后不授课，加上自主时间多，朋友间沟通少，导致一部分教师人际沟通冷漠，团队凝聚力不强。许多高校也忽视了基本工资的激励作用。他们认为教师只需要上好课，站在自己的三尺讲台上就够了。一些教师觉得自己的人生价值没有得到学校的重视和认可，导致"给更多的钱也不愿意承担这项工作"的想法，同时，由于教师参与的社会活动更多，教师在大学里的许多事情上缺乏参与感。

（三）薪酬制度缺乏激励性

我国事业单位的薪酬结构由基本工资和绩效工资等共同构成。薪酬结构包括差序式薪酬结构、均等式薪酬结构。前者以基础工资为主，后者以绩效工资为主。目前，很多高校仍然按照传统方式采取财政补助来发放薪酬，采用这种传统方式具有明显的滞后性，不能满足现代绩效管理的要求。虽然我国在 2010 年就开始推行了绩效工资制度来激励员工，但是这项制度自实施以来，各种反对的观点在事实上影响了绩效工资制度在高校实行的效果。许多高校在执行过程中索性不去执行或者执行力度远远不够。

绩效考核流于形式，不仅导致不公平，而且极大地削弱了青年教师的工作积极性。薪酬分配不注重个人能力和绩效，不能很好地调动教师的工作积极性，不能起到激励作用。目前，在薪酬体系的设置上，只有提升职称或职级才能提高薪酬。然而，高校基本上处于"一个萝卜一个坑"的现象中。上一级职位满了，下一级就不能晋升。教师的发展受到阻碍，他们的工作热情会随着时间的推移而减弱。近年来，随着我国高校"双一流"建设的深入推进，人才大战越演越烈，对于高层次人才的引进，需要根据行业领域、市场特征和个人需求制定个性化薪酬方案。目前，很多高校尚处在大胆探索小心尝试的阶段。如何通过制定科学合理的高层次人才薪酬制度，杜绝恶性竞争，规范人才市场，成为现阶段高校教师薪酬制度建设的主要问题。

（四）薪酬制度缺乏长期性

薪酬激励是当前薪酬管理的一个有效的管理模式，但是当前高校的薪酬激励政策没能起到很好的激励作用。高校薪酬根据教师的职称、工作年限等来发放，忽略了个人工作能力差别、工作条件不同，严重影响教师工作的积极性。高校对科研成果突出的教师有科研奖励，对教学却从来没有奖励，重科研轻教学的问题较为突出。高校教师会更在意工作条件、工作环境、晋升空间等非经济性薪酬，而高校这方面制度设计不完善，教师归属感较弱。另外，当前教师的工资、绩效、课时费都是当期分配发放，缺乏长期激励，大部分福利待遇也是一次性的，比如，近两年以优厚的待遇吸引了一批人才，而后续的福利待遇没有很好地落实，最终还是留不住人才。

（五）绩效考核体系不完善

高校绩效考核太过简单，只要不出现师德师风问题，不旷工、出现教学事故，教师之间的考核结果基本不会有差异，没有起到应有的激励作用。绩效考核内容包括教学、科研、社会服务，单项满分是100分，按相应权重统计总分，在这种情况下，达到满分后，多余的成果就不会产生效益，教师就不会再有突破。高校绩效薪酬的发放是和教师的职称及工作年限挂钩的，与工作能力没有直接关系，不利于激发教师突破、创新。

绩效考核是绩效管理的一个环节。绩效考核是制定薪酬的参考依据，是激励的重要手段。目前，国内多数高校还是采用校院两级考核的模式，但是在实际执行过程中很难做到实质性审查，所以现在的情况是靠领导的主观意识评价，而不是靠客观的标准制度、专业指标来考核。此外，我国由于受到儒家思想的长期影响，中庸思想影响了领导干部的思想和做事风格，以至于默认并接受了基本不会有太差结果的考核形式，因此，单纯用绩效薪酬，根本无法激励员工的工作积极性。

四、构建科学合理的高校教师薪酬制度

基于对我国高校教师薪酬制度的现状分析和国际高校教师薪酬制度的经验梳理，对我国高校如何构建科学合理的薪酬制度提出以下建议。

（一）加大经费投入

长期以来，高等教育投资不足已成为制约我国高等教育发展的主要因素。为了吸引和留住人才，有必要提高教师的工资水平。只有加大财政投入，才能更好地调动教师的工作积极性，增强人才队伍的稳定性。中国实行政府主导的大学薪酬制度。政府对高校的监管相对缺乏弹性，导致高校薪酬制度缺乏市场监管和引导。因此，政府应提高高校自主管理的权威性，让高校根据自身情况制定更具竞争力的薪酬体系，以吸引更好的人才。例如，德国的学院和大学可以在浮动工资方面独立运作。通过设定时限，结合既定目标，划分绩效等级，提高高校的自主性。

（二）完善管理制度

（1）岗位需要进一步细化。岗位分类和设置制度是高校薪酬制度的基础。传统的教学岗、工勤岗、行政岗设置目前已经暴露出一些问题，影响了薪酬制度的公平性和积极性。应当对不同岗位提出相对的岗位职责，针对各自的特性设置考核评价方式，如美国的每所大学都有自己的学术薪酬等级标准，不同学术等级之间的工资差距明显，很大程度上激励教师增强学术产出，尽快实现学术晋升。

（2）在岗位聘任和设置制度的基础上，还需要建立科学合理的岗位考核评价制度。制定一套多元、规范、科学的高校教师评价体系，为高校教师绩效工资制度的展开和实施夯实基础。

高校制定薪酬待遇时应参照外部劳动力市场的薪酬水平，对于优秀的人才，要高于同等人才的市场薪酬水平，这样才能吸引人才、留住人才。细化职称等级，使教师基本工资逐步提高。青年教师是高校科研主力军，目前因有引进人才待遇，他们的薪酬待遇相对较高，但当人才政策待遇兑现完之后，要如何留住这些优秀的人才，仍需要提前做好相应的对策。对于中青年骨干教师的薪酬待遇应给予特殊关注，作为学校的中流砥柱，他们的付出应该在薪酬上得到体现。要加强薪酬待遇的调研分析，随着市场经济形势变化，结合本校实际情况，教师薪酬待遇也要做相应调整。

根据高校的实际情况来看，薪酬体系是最为直接也是最为有效的激励机制，

薪酬体系要遵循"按劳分配、公平透明"的机制。近年来,我国的高校对人力资源的薪酬体系做出了大刀阔斧的改革,目的是配合激励机制的推进。高校要结合自己的实际情况及财务能力,制定有目的性、有针对性的薪酬体系,不仅能够满足基础的薪资发放需求,也能够形成多元化的分配机制。薪酬体系是帮助激励机制完善的重要环节,合理的薪酬体系能够最大限度上激发教职员工的主观能动性,还能够提升高校的吸引力,实现良性的人才培养的循环机制。区别于其他的企业单位,高校是高层次人才最为主要的凝聚地,因此薪酬体系也存在一定的鱼龙混杂的情况,学校也要结合教师的长远发展,提供更有落地执行价值的薪酬体系。薪酬体系只有紧跟人力资源的发展,才能最大化发挥激励作用的价值,帮助高校能够实现长期的良性可持续化发展。

(三)规范薪酬标准

国务院在高校绩效工资制度的改革要求中提到,实施绩效工资要与规范津补贴相结合,与规范事业单位财务管理和收入分配秩序相结合。迄今为止,尚有不少高校对于中央部署的统一的绩效工资政策一直未出台,不同程度地存在发放国家统一津补贴之外的津补贴和奖金现象。这些津补贴和奖金有的有利于激发高校教师的工作积极性,提高学校科研学术水平,但有些则是违规发放。对此,各高校应当在综合调研的基础上结合自身实际情况,对各类津补贴进行梳理和清理,规范薪酬制度发放标准。

首先,高校虽然不是营利性的事业单位,但对资金要有合理的计划,重视资金的预算分析,拨出固定资金,也预留部分资金作为机动经费,每笔资金花在刀刃上。其次,要制定符合市场化的薪酬管理制度,同时根据教师的岗位、学历、学科、年龄、工作年限等个人特点,以事实为基础,制定符合高校客观实际的薪酬制度,让教师自愿选择适合自己的薪酬分配方式。再次,推行民主化的管理机制,让教师参与管理决策。根据自身的经验提出更有针对性的意见和建议,使教师的需求能得到更好满足。最后,加强对薪酬待遇制度的解读与宣传,让教师明白自己可以为学校做出什么贡献,明确奋斗目标。

(四)丰富福利制度

弹性化福利制度是基于全面薪酬制度理念提出的,是在尊重不同员工需求的同时,设置一套可以让员工自主选择自己喜欢的福利项目的体系,从而使薪酬激励效果达到最大化,完善薪酬的补充机制。例如:针对年轻教师,除提供学习交流的机会外，还可以提供多样化的福利，如住房补贴、海外研修；针对年长的教师，可以提供学术年假、定期体检等供他们自主选择，从而提高他们的工作积极性和教学科研能力，如德国的招聘及挽留补贴、业绩补贴和领导职务津贴等都是丰富的薪酬制度代表。

在优化薪酬激励机制方面，第一，高校应对不同工作岗位设定不同薪酬，实施"岗变薪变、多劳多得"，例如从事技术研究的教师比从事基础应用研究的教师更容易出成果，对他们的考核要体现差异化。第二，科学对待教学与科研之间的关系，两者相辅相成，应该合理分配教学和科研，加强对优秀教师的奖励倾斜。第三，每位教师的需求不一样，学校的激励制度也应体现差异，比如对于刚毕业的博士和高级职称的教师，他们有较强的理论经验，应多给他们创造施展的空间，实行灵活的激励政策。第四，增强教师的归属感，创建良好的文化氛围及科研平台，让教师有一个轻松、舒适的状态投入工作中。第五，适度实施激励约束机制，激励的力度如果长期没有改变，就会失去激励的效果，采用"减法"方式去约束教师，如调整岗位、减少奖金等，给教师适当点压力，会有危机意识，产生自觉前进的动力，起到正向强化的作用。

（五）建立自律制度

高层次人才是一流大学的核心竞争力，现今这类人群的薪酬一直处于金字塔的顶端。只有合理拉开高层次人才与普通教师的薪酬差距，才能对教师积极性起到正向作用，有助于提升学校人才整体综合能力。但是若两类人群薪酬差距过大，则会影响高校内部公平性及和谐稳定性。例如我国香港地区高校教师薪酬制度改革后对优秀人才不再设置最高点，在传统的三个级别上设立了高级教授和荣誉高级教授。

建立科学合理的薪酬体系，除要提高高校的管理水平外，还需要充分发挥专业组织的作用，如现有的组织薪酬分会、教师分会等，通过它们组成大学联盟，进行联合分析和研究，制定标准化的薪酬体系和信息平台，让高薪的信息流向高校人才层次公开透明，从而保障高层次人才有序流动，对恶性竞争的现象起到必要的监督和管理作用。

（六）完善考核机制

绩效考核是客观、理性评价高校教师工作行为的重要手段。绩效考核评估可以促使高校教师将个人的职业发展目标与高校的整体科研目标进行有机结合，同时，绩效考核评估结果也是薪酬待遇等级水平划分的重要衡量标准。目前，我国高校大多采用教学和科研综合评估的考核手段，以此提高教师在科研、教学工作等方面的综合水平。高校建立健全绩效考核制度，不仅能充分发挥绩效工资的激励导向作用，体现多劳多得的原则，有利于高校教师各项管理工作的顺利展开，而且有助于高校形成良好的校内教育组织管理文化，兼顾学校不同类别、部门之间工作人员的收入分配关系，促进教职员工队伍协调、可持续发展。

考核内容要综合全面，包括教学、科研及社会服务时长等，对其中往往容易被忽视的又相对重要的对教学质量、科研质量的考核，应该赋予它们较大的权重，对每一项考核分数不应该封顶，实行多劳多得，这样才能激发教师的工作热情。同时，考核方法要科学有效，考核主体多样化，确保考核的公平性和客观性，高校应该制定差异化的考核规则，确保考核的公平性，根据教师工作难度及对学校做出的贡献合理确定分配级差，并通过精细评估和测算得到合理的奖金系数。最后，要充分运用考核结果，通过年度考核确定教师的绩效薪酬发放，体现薪酬分配的差异化，对于考核不合格的教师，该降级就降级，不打感情牌，否则起不到应有的激励作用，考评结果要运用到绩效奖励中，体现对考核结果的重视。对于考核结果不理想的教师，安排专人进行沟通、指导，共同制定改进方案，对于确实能力比较差、自己无法提高业务水平的教师，可以实行导师制，让导师定期给予指导，相信一定会有突破。

首先，绩效考评要做到公平、公正。在高校由于员工的分工不同而导致他们的贡献有差别，正是由于这种差别造成的不公平引起员工的不满，要打破以前绩效考评拉不开档次出现"一刀切"的局面，让员工的收入与其付出的劳动成正比。其次，体现人本管理。人本化考评机制主要是结合员工的具体情况，结合激励制度，尊重并信任员工以调动员工的积极性，促进工作的顺利开展并提高其工作效率。最后，绩效管理应该与高校发展目标一致。通过绩效管理，不仅可以提高教师工作水平，激励他们产生更优质的工作成果，还可以最终实现高校的发展目标。

（七）保证分配公平

在高校薪酬管理中，薪酬公平感主要是指教师对薪酬数量分配公平性的主观判断，而薪酬满意度则是指教师对薪酬数量分配结果的满意程度。高校要灵活地提升薪酬结构的合理性，就可以针对教师的薪酬公平感、薪酬满意度展开调查，然后对调查数据进行分析，从中了解教师对薪酬的感知水平。这也便于高校增强薪酬结构的灵活性，让薪酬管理者采取合适的措施，改进薪酬结构。而且通过这一调查工作，高校可及时发现教师对薪酬的个人看法，了解他们在从事教学工作时的幸福度、满意度、归属感，了解他们的职业心理健康发展状况，甚至及时掌握教师的生活需求，便于高校对教师实施人文关怀，激励教师发挥工作积极性，提高自己的教学工作绩效。

目前，某高校正式开展了教师队伍的薪酬公平感与满意度调查工作，希望从中找出问题，采取措施，改变教师对薪酬公平性的感知，提高教师的薪酬满意度，使其为个人、教学组织的效益考虑，不断地通过提升工作绩效的方式，增强自己在教师队伍中的竞争力。该高校还推进了薪酬分配制度的改革，引入以岗定薪原则、优劳优得原则，合理优化教师薪酬的分配比例。这一举措已经让教师的薪酬满意度达到了新的层次，让教师感受到自己的薪酬与期望值相差不大，确保教师拥有足够的动力，自觉提高自己的教学工作绩效。

（八）灵活借鉴国外制度

国内的高校教师薪酬制度还具有一定的弊端，影响了教师的薪酬公平感、薪酬满意度，也影响了教师的职业幸福度、对教学组织的归属感与依赖感。如今，高校推进教师薪酬结构模式的创新改革，已经是势在必行的一项教学管理举措，可选择适当地借鉴国外高校教师薪酬管理的经验，建构自主灵活的教师薪酬结构模式。

例如采用任期制、终身教职制相结合的薪酬管理制度，让教师在退休之前都可享受各项权利与义务，这充分体现了教师就职时的公平性，教师的需求也可得到保障，使其拥有更多的精力投身教学工作、科研工作，发挥更大的工作积极性，提高自己的教学工作绩效；而且教师还可自觉地提高自己的教学能力、教学研究能力，让自己拥有更高水平的专业素养，在退休之前都可从容自如地应对教学工作中的问题。

或者采用年薪制，一般是根据教师的级别、职务来合理设置薪酬结构的级差，对教师进行不同层次的划分，使其在自己的层次水平内，享受合理的薪酬、奖励、补贴。这无疑让教师在稳定的生活状态下，发现自己所处的发展水平，有利于激发教师的创造力，使其努力跃出现有的圈子，融进更高层次的圈子。为此，教师需发挥自己的潜能，努力创造自己的价值，为学校的教育事业做出更大的贡献。这样的贡献价值既可为教师赢得更多的薪酬，又可为其创造更多的教学工作绩效，使其一步步向着更高的方向走去，实现自己在教学领域的个人价值、职业价值。

下面具体分析两类国际高校教师薪酬管理制度的特点。

1. 由政府主导的薪酬管理体制

主要代表国家有德国、法国、日本、新加坡等。从薪酬制定主体来看，这些国家属于国家决策性。公立高校的教师属于国家公务员，按照国家法律统一规定教师的工资标准，享有公务员的工资及福利待遇，高校的自主权比较小。

在德国，高校的教授分为三个等级，是学术权威，还有位于教授之下的学术中层，分为四个等级。德国的教授一般都是终身国家公务员，而学术中层则属于任期制公务员，均实行统一的公务员工资标准，其主要影响因素是学历、学位、职称、工龄等。随着社会的发展，德国也在不断地进行薪酬制度改革，建立灵活的以业绩为导向的薪酬结构。

在法国，高校执行国家公务员工资及福利基本制度，教师一般分为教授、讲师和助理教授，不同级别下又细分不同等次，据此制定工资标准。法国高校教师的收入水平很高，体现了对教师职业的崇拜。

在日本，高校教师的地位也非常高，收入一般由基本工资和奖金构成，标准按职称分为教授、副教授、讲师、助教和教育职员 5 级，每一级下分为 30 个档次，学历和任职年限是主要影响因素。

在新加坡，高校教师薪酬制度经历了从资历定级向业绩导向的改革，总体思路是在保证基本工资占比的前提下，提高浮动工资比例，增强对教师的激励作用。新加坡高校教师的薪酬结构一般分为基本工资、集体工资和业绩工资，其显著特点是基本工资比例很高，占工资结构的 70 ％，而业绩工资仅占 10 ％。

2. 由市场主导的薪酬管理体制

由市场主导的高校教师薪酬管理体制主要是以美国和英国最为典型。从薪酬制定主体来看，这些国家高校教师的薪酬多由地方政府或高校自主决定，属于市场主导型，自主性较强。比如美国的诸多州立大学，由地方政府通过立法、预算、政策和标准的制定进行宏观管理和指导，高校在具体的员工聘任和薪酬政策方面享有自主权，教师工资待遇较高，福利制度具有特色，劳动报酬与劳动力市场的价位水平联系更加紧密。

在美国，高校教师的薪酬收入由市场主导，国家没有统一的标准，私立高校和公立高校之间不同，州和州之间也存在差异。私立高校的教师总薪酬明显高于公立高校，私立高校一般由校长提出工资水平建议，董事会决定标准和年增幅度，公立高校如美国的州立大学由州议会批准各类学校教师工资级别或工资的最高限额，但公立高校董事会享有自主权，可根据财力和绩效决定实际薪酬水平。无论任何一种方式，教师职位、学位、教学水平、学术成果的数量和质量、任职年限是确定实际工资的主要依据，职位高的工资就高，业绩好的自然也就高，教师的工资也会随物价的上涨而调整。同时，高校层级越高，其教师的薪酬也就越高。美国的研究型高校基本实行年薪制，根据各人不同背景设置不同年薪，不存在各种形式的补贴，教师根据每年所取得的成就获得相应的加薪。可以看出，美国高校的教师工资制度特点是高校间与高校内的薪酬水平也不相同，市场化程度高，教师工资水平决定因素主要是市场机制。

在英国，实行单一的工资支付标准，通过对每所高校不同学科团体教师业绩进行抽样评估，由此确定教师工资级别，共分为5级。依据教师工龄和业绩每年增加工资，增量多少取决于业绩的好坏。这种工资结构既确保工资支付的公平性、透明性，又引入了市场机制。大学中教授在收入方面的差距较大，除资历等方面的因素外，重要的一条就是他们的岗位在市场上的需求状况。

3. 国外薪酬管理制度的启示

从以上的国际比较中可以看出，外国高校教师工资制度各有不同，但也有一些共同的特点和经验可供我国借鉴。从薪酬水平来看，世界主要发达国家高校教师具有薪酬高、福利好、地位高等特点，高校教师是一个令人尊敬的职业，且具有体面的收入，这也是他们能够潜心工作的重要因素。无论是在政府主导还是在市场主导的国家，高校教师薪酬水平都处于社会中上层次，高校教师职业的竞争力和吸引力较强。在政府主导型的国家，高校教师属于国家公务员，一方面，享有国家公务员工资和福利待遇，保障其基本生活；另一方面，高校教师普遍享有较高的社会地位和声誉，而且会有各种高校自主设立的补充保险、津贴等，综合收入很高。在市场主导型国家，通过年薪制，形成适应市场竞争环境的、具有激励作用的薪酬制度，高校教师的收入与市场接轨，具有很强的竞争力。

从薪酬制度制定主体来看，世界主要发达国家的通行做法是赋予高校充分的自主权，高校可根据自身财力状况、发展需要等自主确定教师工资水平，与劳动力市场紧密联系，适应和符合高校自身个性化发展。比如在美国，私立高校是由董事会研究确定薪酬水平的，公立高校虽然是由州政府进行拨款，但因其董事会享有财政自主权，因此高校同样享有较大的自主权力。

从薪酬结构来看，世界主要发达国家高校教师薪酬体系的共同特点是结构简洁而且稳定，例如：美国的年薪制，高校教师的工资稳定，且增长机制良好；日本、英国等国家的职务职级制度，基本工资通常占总工资的一半以上，薪酬结构不但简单易行，且具有较强的激励作用。同时我们看到，这种行之有效的薪酬体系，往往同其完善的高校教师聘任机制联系在一起，教师通过严格的选聘获得职位，享有竞争力极高的薪酬待遇，完成聘任合同约定的工作任务，形成良性循环。

五、从薪酬结构设计方面进行优化

薪酬结构设计是高校薪酬制度改革的核心内容之一，从总体上来看，薪酬结构既包括高校里不同职级教师薪酬水平的等级差异，也包括教师薪酬的分配维度与构成要素。现有的研究认为，薪酬结构设计会在较大程度上影响教师的公平感知及对工作价值的感知，进而影响教师的工作满意感知及他们在科研和教学方面的产出；另外一些研究也发现，当前中国高校的薪酬设计更加重视薪酬的激励效果，因此，差序结构、高比例绩效工资是最为常见的薪酬结构设计。然而，关于高校教师薪酬结构设定的依据，当前研究仍有较多空缺值得深入探讨。

除了激励教师提高工作绩效，保持教师队伍的稳定性也是高校人才管理的重要目标。当前的研究主要关注薪酬水平与教师团队稳定及人才流失之间的关系，认为高薪酬是稳定高水平教师的重要途径，较少考虑薪酬结构，特别是绩效工资与固定工资之间的比例结构是否会影响高校教师的离职意愿。而且，这些研究并未针对高校教师的特点展开分析。

从根本上来看，高校教师属于典型的知识型劳动者，他们拥有丰富的知识和较强的创造能力，也拥有较强的自我效能感知。相对于固定工资而言，他们更有可能将高绩效工资视为自身努力的结果，与所在高校不存在直接关联，由此，在高绩效工资结构的推动下，那些取得了较高工作绩效的教师更容易跳槽到提供了更高薪酬的学校。

（一）高校薪酬结构的研究现状

1. 薪酬结构的含义与分类

薪酬结构是薪酬管理的重要内容。薪酬结构包含两个方面的内容：一是不同的工作职能或者工作岗位之间薪酬的比例关系；二是薪酬体系中，各种薪酬形式的组合和结构。从总体上来看，薪酬结构又包括三种不同的模式，即基于具体工作岗位的岗位型薪酬结构、基于员工能力评价的能力型薪酬结构及基于员工具体的工作业绩表现的绩效型薪酬结构。与绩效型薪酬相比，岗位型薪酬和能力型薪酬以岗位特征和员工能力作为薪酬指定的标准，是一种典型的固定薪酬，而绩效薪酬同员工的个人工作表现作为评判依据，因而是一种较为典型的浮动薪酬形式。

2. 我国高校的薪酬结构研究

我国高校的薪酬结构设计经历了从职务等级薪酬，到岗位与津贴薪酬，再到岗位绩效薪酬的变革。这种从主要强调固定薪酬向主要强调绩效薪酬的结构设计变化，在某种程度上反映了薪酬结构设计的思路从单一强调公平逐渐向追求效率的转变。当前高校的薪酬，主要包括岗位工资、薪级工资、绩效工资及各种津贴等内容；其中，绩效工资在整个薪酬中占了较高的比重，固定工资所占比重较低。

从整体上来看，当前的薪酬结构在一定程度上提升了高校教师的待遇，激发了教师的工作积极性，但是，这样的薪酬结构也存在保障功能较弱、绩效考核标准不合理、过于强调量化考核指标等弊端，这也在一定程度上限制了当前薪酬结构设计对教师激励效用的充分发挥。另外，也有一部分研究者认为，在薪酬结构中，设定过高的绩效工资比例会增加教师的工作压力，进而会有较大可能增加教师的工作倦怠情绪，甚至拉升教师的离职倾向。由此可见，我国高校的现有薪酬结构仍然存在需要进一步改革的空间。

综上所述，当前的薪酬研究主要从激励的角度探讨了薪酬结构对教师工作投入度的影响。虽然也有部分研究认为当前薪酬体系中固定薪酬占比偏低会产生保障不足的问题，但是对于这种影响如何出现，究竟会对教师的工作行为产生何种影响，当前研究并没有进行深入探讨。

与一般意义上的企业员工相比，高校教师作为典型的知识工作者，他们更注重工作本身的乐趣，重视通过工作来实现自我价值，而且与其他类型知识工作者相似，高校教师也可能会对事业而非组织拥有更强的认同感。这也意味着，在通过薪酬实现对高校教师的工作激励时，必须要考虑到高校教师的职业特质。事实上，有关企业人力资源管理的研究也表明，绩效工资能否实现预期的激励效果还会受到员工的特质、工作的形式等因素的影响。基于这些研究发现，本文将进一步探讨，对于高校教师而言，薪酬结构中的固定成分和浮动成分会如何影响他们对高校的认同及对高校教师这一职业的认同，进而最终影响他们在工作绩效及离职倾向上的表现。

（二）薪酬结构与高校教师的联系

1. 薪酬结构与职业认同

职业认同是指高校教师持有的对其职业的积极态度。较高的职业认同意味着高校教师会将其从事的科研或者教学工作作为构建自我的重要因素，将高校教师这一职业作为自我身份展示的重要内容，而且较高的职业认同，通常意味着更高的和职业有关的工作投入，和较低的转换当前所从事职业的倾向。所以，提升职业认同是当前薪酬设计的重要目标。在现有的研究中，提升工作的专业价值能够对员工的职业认同产生积极正面的影响。

当前的薪酬体系研究认为，以绩效工资为代表的浮动薪酬会在一定程度上助长高校教师的功利主义倾向，降低教师工作的内在兴趣；但是，也有研究发现，较高的绩效薪酬可以起到较为显著的信号作用，可以对外展示知识员工的工作价值。也有一部分研究认为，较高的绩效薪酬可以体现高校或者社会对高校教师的工作成果的一种认可。

因此，我们认为，考虑到知识工作者的特质，高校教师通过努力获取较高的绩效薪酬，会在一定程度上提升他们对教师职业的认同，更愿意将高校教师的职业用于自我身份的构建，由此激发他们对教师的职业工作投入更多的时间和精力。与绩效薪酬相比，岗位工资、薪级工资、津贴等固定薪酬，在某种程度上很有可能被视为是高校对特定岗位或者特定员工工作价值的认可和重视，因此较高的固定薪酬也能在某种程度上提升高校教师对教学和科研工作的价值感知。由此可以推断，较高的固定薪酬会引导高校教师关注工作的价值，因而也有可能会对其职业认同产生正面的促进。

2. 薪酬结构与组织认同

组织认同是用于反映员工与组织之间关系的重要指标，是组织中的员工对自己与组织间心理联结强度的感知，属于社会认同的一种特殊形式。有关组织认同的研究认为，组织认同包含认知和情感两个层面，认知层面的认同是员工对组织成员身份的自我知觉，而情感认同则是组织成员与组织之间的情感承诺。高水平的组织认同，意味着员工对组织会产生更高的归属感；当员工的组织认同感较强时，他们更有可能做出亲近组织的公民行为，降低离开某一组织去往其他组织工作的可能性。

已有研究对组织认同的成因进行了广泛探讨，这些研究认为，组织与员工之间的心理契约、组织与员工之间的互惠、组织赋予员工的积极情绪体验及心理安全感知等均会对员工的组织认同产生正面影响。从薪酬结构的角度来看，较高的固定薪酬虽然在一定程度上有可能会让教师产生工作惰性，对教师的工作激励产生一定的负面效应，但是固定薪酬能够为高校教师提供更为稳定的保障，例如各种形式的津贴及岗位责任的薪酬会在一定程度上体现对高校教师工作能力和工作贡献的认可，因而能够提升教师的工作安全感知，增加他们对组织的认同。

另外，知识员工的特性会在一定程度上减轻固定薪酬对激励的负向影响。而浮动薪酬，虽然有可能对高校教师积极投入科研和教学工作产生更大的推动作用，但是绩效薪酬，特别是采用类似"计件"模式的科研和教学产出的绩效考核模式，会引导教师将获得的绩效收入看作高校对自己工作的纯粹经济报偿，而非对其个人的关怀。同时，因为高校教师知识工作者的职业特点，他们往往会将科研或者教学工作本身视为实现自我价值的途径，并且其在工作上的合作关系会超越特定的高校，构建于更大的学术共同体内。所以，在通过自身的努力工作获得较高的绩效收入后，这部分高校教师更有可能将绩效工资归因于自我努力的结果，是自己科研或教学产出的应得报偿及自身能力的价值体现，而不会将其视为组织对其个人活动关注和支持的结果。因此，我们认为，当教师没有明显感觉到高校为自身工作提供了充分和恰当的支持时，高绩效薪酬并不能较为有效地帮助高校教师建立对高校的认同。

3. 薪酬结构与高校教师工作行为

对高校教师工作行为的探讨包括了工作绩效及离职意向两个方面。从总体上来看，建立相对稳定的教师团队，提升教师工作的热情和投入度两者都是当前人力资源管理研究中得到较多关注的结果变量，也是当前高校教师薪酬体系改革中被提到较多的改革目标。所以，在本研究中，对工作绩效的理解主要是指教师在科研、教学等活动层面的产出，而离职意向则是指高校教师转换工作单位去其他高校工作的意愿。

在人力资源管理的研究中，组织认同和职业认同均被认为是影响员工工作行为的重要心理变量，同员工的工作投入、工作倦怠、离职意向都存在较为密切的关系。较高的组织认同和职业认同，有利于提升员工在工作上的投入，降低工作带来的倦怠感知，降低离职意愿。因而，提升员工的组织认同和职业认同被视为组织人力资源管理部门的重要任务之一。

通过之前的分析我们认为，对于高校教师而言，薪酬结构的差异会对他们的组织认同和职业认同产生差异化的影响。以绩效工资为主的浮动薪酬会增加教师的职业认同感，特别是对那些有较强业务能力的教师而言，更有可能因为获得较高的绩效收入提升对科研或教学工作的认同；但是，依据我们之前的分析，收入中绩效比重的增加，并不能显著提升教师的组织认同感。职业认同感的提升，会进一步提升教师在科研、教学等工作上的投入；但是，组织认同感没有相应的提升，无法提升教师对所在高校的情感承诺。

另外，固定薪酬能够增加教师对所在高校的认同，同时随着高校教师学历和职业素养的普遍提升，他们的工作热情也并不完全因为固定薪酬而降低。所以，我们认为，薪酬结构中的固定和浮动成分会引发差异化的高校教师的工作行为。当薪酬结构中的浮动部分比例较高时，会对教师产生较强的激励效果，在高绩效薪酬的驱动下，教师会花费更多的时间和精力投入科研或者教学，进而提升他们在科研或者教学方面的产出；但是，因为收入中较高的绩效薪酬占比，在取得了科研或教学上的成果后，和其他知识工作者相似，这些优秀教师虽然更加认同教师职业，但却有可能产生一种待价而沽的心态；同时，较低的固定薪酬会让这些教师认为其所获得的高绩效收入完全是由自己在工作上投入大量时间和精力的结果，组织也没有为自己提供更多的职业保障。在这两种因素的共同作用下，一些高水平教师会积极寻找其他能够提供更为优厚条件的高校。因此，这部分教师也会有较高的离职意愿。在这一情况下，适当提升固定薪酬在总体薪酬中的占比，可在一定程度上推动教师工作安全感知的形成，产生对当前高校的依赖，进而降低他们离职去其他高校的意愿。

（三）高校薪酬结构设计的建议

1.设置合理的薪酬比例结构

从总体上来看，薪酬承担着保障功能和激励功能双重作用；一般而言，固定薪酬的保障功能要强于激励功能，而绩效薪酬的激励功能要强于保障功能。在当前高校薪酬体制改革中，激励教师提高工作投入被视为改革的主要目标，而保障功能没有得到足够的重视。我们认为，这种薪酬结构虽然能对高校教师的工作投入起到促进作用，但是也会在一定程度上降低教师的安全感，提升教师将工作绩效完全视为个人投入结果的感知，即便此时教师会有较高的薪酬满意度，但仍然存在较高的离职倾向，去往其他提供更高绩效薪酬的高校。稳定教师团队与激励教师在工作上的投入同样是高校建设的重要目标，所以在设计薪酬结构时，高校需要充分考虑教师作为知识工作者的特点，适当重视固定薪酬在稳定教师团队上的重要作用。

事实上，根据现有的资料来看，当前几个主要发达国家的大学，其薪酬结构中固定薪酬的占比都维持着相对较高的状态；虽然在后续的薪酬改革中不少国外高校也开始日益重视绩效薪酬，但是既有固定薪酬提供的保障并未因此降低，其保障程度也未受到太多的影响；而当前中国高校中，给予中青年教师较高绩效薪酬而较低固定薪酬的模式，虽然从本意上来看是想通过激励他们的工作产出以维持较高的总体收入，但是相对较低的固定薪酬的保障及科研活动较大的产出不确定性在很大程度上增加了青年教师的职业焦虑，进而降低了他们对薪酬水平的满意程度。事实上，这也从一个侧面表明当前高校薪酬体制的改革要在重视效率的基础上注重保障的公平。

2. 增强薪酬评价标准的合理性

在设置薪酬结构时，无论是对于绩效薪酬还是固定薪酬的确定，都需要对薪酬评价指标进行更加合理的设置。从绩效薪酬的角度来看，绩效评价的指标是影响教师收入的重要因素，也会对教师的工作投入产生重要影响。科研、教学等均是当前高校建设的重要目标，然而，当前的教师绩效评价更多侧重于对科研成果产出的考查，甚至表现为单一考核论文发表数量的"计件工资"形式，这些都会在一定程度上推动绩效薪酬与组织认同之间的负向关联。所以，高校应当设立更加多元化的绩效工资的评价依据，为发挥不同教师的专长提供平台，进而扭转绩效薪酬与组织认同之间存在的负向关联。另外，在固定薪酬的设定上，应注意设置合理的岗位、薪级薪酬，并通过津贴的形式对高校教师、特别是青年教师在前期培养投入上的补偿，以进一步强化固定薪酬与组织认同及职业认同之间的正面关联，在提升教师长期工作热情的基础上，进一步提升高校教师团队的稳定性。

3. 加强其他非经济性薪酬的激励

有关薪酬的研究认为，除货币薪酬外，非经济性薪酬因素，如组织为员工提供的良好的工作环境、工作场所中良好的人际关系、组织本身的声誉和发展空间等因素同样也会对员工的工作行为产生非常明显的影响。事实上，非经济薪酬条件的建设，会在很大程度上提升高校教师的组织支持感知，即教师认为学校重视自己的工作、关心自己的福利。例如为教师提供良好的工作条件，帮助青年教师尽快融入已有的研究团队，为教师提供充分的、符合其职业成长的培训支持等均会提升高校教师的组织支持感知。现有研究表明，组织支持感知的提升，会有效地提升教师的工作满意度，进而对教师的工作投入产生积极影响，并降低其离职的可能。依据现有的研究，我们认为，非经济性薪酬所产生的组织支持感，会在很大程度上影响教师感知绩效工资与组织认同之间的关系。

当组织支持感知较高时，绩效工资更有可能会被教师视为学校对自己工作成功的认同，反而会增加教师的组织认同感知，降低其离职倾向。但是，当组织支持感较低的时候，教师会更有可能将绩效工资视为高校与自己进行的交换，会进一步提升其离职意愿。所以，采用了更高绩效薪酬的高校应该特别重视非经济性薪酬的建设，通过有效提升教师的组织支持感知，在积极提高教师工作投入的同时稳定人才团队。

第二节　高校教师激励机制管理

高校教师激励机制是高校内部管理的重要组成部分，是实现高校教师激励的关键保证。激励公平是教师高效工作的重要动力。公平的教师激励机制不仅能有效减少教师内部矛盾，而且能更好地激发高校教师的工作热情和创造能力。我国有着深厚的公平思想底蕴，"公平"已成为教师心中的共识，但教师激励机制的公平性实现却仍然面临着诸多挑战。在实践中，部分高校绩效考核仅仅流于形式，过度偏向某些方面而忽视其他方面，较难切实与教师激励挂钩，使教师产生强烈的不公平感，极大地影响教师的工作积极性，致使教师的发展面临困境，甚至导致教师产生离职行为。

一、高校教师激励机制的内涵

（一）高校教师激励机制的概念

激励理论属于管理心理学的范畴，是指通过对个人需要的满足来调动其积极性，使其创造更大的价值。

激励机制作为一种评价机制，其通过对教师的特定行为进行赞美、认可的评价，最终形成对教师个人的整体评价结果，在一定程度上对学校教师起到激励作用，使得教师能够积极参加学校活动。总之，在整个高校管理工作中，对于学校教师的管理是重中之重。教师对自己工作的时间和精力投入及对待学生是否耐心直接决定着教学工作的结果。因此，在平常的教师管理过程中，行政部门及领导应积极鼓励教师提高工作的积极性，有效促进教师自身发展和学生的发展。

综上所述，高校教师激励机制是指高校通过满足教师的薪酬、职位、成就等需要，使其发挥工作积极性，为高校的科研和学生教育创造更高价值的机制。

（二）高校教师激励机制的意义

高校在实施激励措施时，要转变传统的理念，更新思想，考虑到多方因素对激励所带来的影响，使激励措施更加合理，更具实效性。要将激励措施的制定与人力资源管理工作有机结合，并根据高校的环境变化和教师的实际情况，准确实施激励措施，或及时对相应的内容进行调整，避免达不到相应的激励效果。

当今社会经济的进步发展，主要依靠知识与科技的力量，高等教育也随之备受关注。教育的高速发展势必会加快推动中华民族伟大复兴的进程。高校教师是高校教育的中坚力量，决定了高校的发展水平与未来方向。我国教师管理体制是不断进行改革和发展的，在这个过程中，高校教师逐渐由教育工作者转变为教育工作研究者。但目前我国高校教师队伍建设仍面临三大问题：首先，我国原有师资运行体制存在教师来源结构封闭、资源配置不合理、规模增长缓慢等问题；其次，高校教师教学任务繁重，没有时间再进入其他项目中；最后，很多学校的教师自身有着较高的职称，对现有的学校活动不感兴趣。制定合理的教师激励机制能够帮助学校储备优秀的教育人才，从而实现院校高质量发展的目标。

近年来，高校人事管理制度也逐渐发生改革与变化，高校教育人才流失问题也逐渐得以解决，但是在激励体系方面依旧存在一些问题。不合理的激励体系使得激励考核结果不够透明，激励反馈结果没有发挥出应有的作用，难以调动教师的工作积极性，难以将高水平教职人员的能力最大限度地激发出来，从而造成人才流失率不断提升。而难以招聘到高水平专业人才，影响了高校的教学质量和高校的办学水平，最终导致毕业生的就业率不高。因此，要建立高校教师激励体系，以此激发高校教师的工作热情，发挥高校教师的潜力，促进高校教育事业的发展。也因此激发教师积极参与科研创新活动，推动高校教育质量提升，建设并推行高校教师管理激励机制是非常有必要的。

高校是人才培养的摇篮，对人才的培养担负着重要的责任，高校教师的教学水平对人才培养有着十分重要的意义。在高校日益重视教师队伍建设、重视教师教学水平提高的大背景下，完善高校教师教学激励机制对提高教师教学积极主动性，提高人才质量具有重要意义。

高校健全教师激励机制的重要性，其一，有利于促进教师全身心投入教育教学，进而提升高校教师队伍的综合素养。针对教育部对教师所提出的意见和建议，可以聘请专业人才到高校中担任教师，以此来提升高校教师队伍的专业能力。基于此，高校也需要给予这类教师丰厚的待遇，还需要对其进行培训教育，借助多种激励措施来吸引教师参与教育教学。其二，有利于调动教师对本职工作的积极性与主动性，进而提升其教育能力与整体教学质量。完善的激励体系可以调动教师的内在能力，让教师能够积极主动地参与各项教育活动，发挥出自身的能力来提升教育质量。其三，有效的激励机制能够留住教师，进而为高校建立相对稳定的师资队伍。想要留住教师的关键就是看激励体系是否健全完善，基于此，各大高校针对教师激励机制的建立应在原有基础上进行完善和优化，使教师可以真正地想要留在高校中任职。其四，有利于构建良好的竞争环境，以此来推动高校绩效管理的有效性。针对激励机制，其会涉及竞争。将绩效考核融入高校教师队伍中能够使绩效考核更加科学合理，然后在此基础上将考核结果应用到教师管理中，能够为教师营造良好的竞争环境，以此来推进高校绩效管理进程。

二、构建高校人力资源激励机制的基本原则

（一）人本原则

针对高校的人力资源激励机制而言，其相关的工作都与人有关，所以要充分体现"以人为本"的基础原则，将尊重教师、关心教师摆在核心要义。机制的设计并非刻板不变的，缺乏应有的活力与变通。优秀的激励机制，必须从教师的实际情况出发，充分将尊重教师的个性与想法摆在核心，积极激发教师的潜能，并将教师的发展上限摆在核心要义，才能创建有价值、有深度的奖励机制。与此同时，奖励机制也要达到与时俱进、创新优化的目的。

（二）竞争原则

所谓的高校人力资源激励机制中的竞争原则，指的是外部竞争，即每一位教师能否长久留在学校内部。在这一层面上，激励机制从本质上就是为了帮助学校提升自己的竞争力。富有竞争力的激励原则，是基于高校的现实情况之下，结合每一位教师的需求进行有针对性的设置，同时要对其他高校的激励机制有相应的了解，才能更有价值的建设激励原则。

（三）效益原则

针对高校企业人力资源的激励机制而言，要有针对性的设计就需要遵循相应的原则，通常情况下从如下几点出发：首先，任何激励机制的建设，都需要以高校的实际情况出发，以满足全体师生的需求摆在核心；其次，要将高校的整体利益与局部利益充分有机结合起来，一旦出现问题要遵从大局，保证整体效益的价值；最后，要根据实际情况，设计激励机制的长期目标、短期目标，与整体利益相类似，短期目标也要向长期目标靠拢。

三、高校引入激励机制的作用

在组织系统中，激励主体采用各种激励措施来和激励课题产生相互作用的关系总和就是激励机制。其包括内部激励机制和外部激励机制。其中，前者指组织对于内部成员的激励，后者指政府、社会和民众对于组织的激励。此处主要研究

的是前者。在高校人力资源管理中，激励措施是非常重要的一项管理措施。实现人才优化配置是人力资源管理的职能之一，实现人才贡献最大化则是激励机制发挥的重要作用，因此，激励机制是高校人力资源管理的核心。

（一）激发活力

激励机制，顾名思义就是通过一系列的方式及方法，以求激发工作人员的工作积极性，使得工作人员能够积极主动地进入工作中。根据我国相关部门的调查发现，一个相对较为普通的高校部门，其工作能力往往只会发挥30%，但如果通过一定的方式予以激励，其工作能力能够在原有程度上得到显著提升，发挥至少80%的能力。这也从侧面印证了，激励机制能够发挥极大的价值和作用，也只有良好的激励，才能最大限度上激发其动力。

一个规范化、科学化的激励机制可以有效满足其心理需求，增强教师的归属感、信念感、成就感，让教师感觉自己得到重视、得到认可，高校人力资源管理激励机制的实施能够充分燃烧教师的工作热情，让教师积极主动地、全身心地投入工作，这不仅能够有效提升教师自身的教学水平和工作效率，还能够有利于提高高校教育教学质量，有利于促进高校的可持续发展。此外，高校通过有效的激励机制还可以培养一批专业性程度高、工作热情度高、工作积极性高、工作主动性强的优秀教师。反之，不合理的激励机制将会产生负面影响，打击教师工作的积极主动性、影响教育教学质量和学校发展，可见激励机制在高校人力资源管理中起着关键作用。

（二）提升素质

目前，高校人力资源管理过程中，都会通过专门的物质或者精神奖励，使得教职工能够向更有价值的方向培育，作为教师也能够更为积极主动地做好学校的相关任务。适度的鞭策与奖励机制，能够驱动教师积极主动地进行进修与学习，使自己的教学能力在原有程度上得到提升，个人素质也会因此得到全面提升。

既有德又有才是我国高校人力资源管理激励机制的重要原则之一，也就是不能只注重"用能人"，如果仅对部分"才高德寡"的人给予奖励，久而久之会在教师群体中产生错误示范和不良影响。所以，探索构建目标明确、科学合理、行之有效的激励机制，将有利于提高教师队伍的整体素质，充分发挥以点带面的作用，从教师个体到教师群体对高校教师产生激励，由高校教师群体中榜样性的团队力量带动高校师资队伍整体素质的提高，同时处理好骨干教师培养与全体教师共同成长之间的关系，最大限度地发挥骨干教师的示范、带动、引领作用，关注师资队伍整体素质的提升，采用有效激励机制来促进教师队伍建设，高素质的师资队伍也是确保该机制有效运行的基础所在。

（三）稳定人才结构

伴随我国经济及各行各业的持续发展，决定高校核心力量的资源是高校的人才资源，作为国家必备的教育职能场所，高校对人才的需求程度也愈演愈烈。对高校而言，招募人才是重要的步骤，而留住人才更是重中之重，能为其他工作打好基础。马斯洛的需要层次理论也曾提出人都有自我实现的需要，而激励机制的有效利用便能满足教师这一层面的需要，同时体现了对教师工作精神的肯定，需要得到某种程度的满足，人自然也就留下来了。

高校教师尤其是高层次人才流动性较大，他们具有扎实的理论基础、较强的实操能力、产学研合作经验等，成为各行各业激烈竞争的主要对象，只有实施科学、合理、有效的激励机制，才能让优秀人才进得来、留得住、带得动，减少人才流失，同时把握好新时代新时期人才发展的规律，真正做到"用好已有人才、留住核心人才、引进重点人才、培养骨干人才"。高校人力资源是高校的重要资源、宝贵财富，激励机制处于高校人力资源管理中的核心地位，科学、合理、有效的激励机制能够促进高校的可持续发展，稳定的师资队伍建设更是高校发展的强有力支撑。因此，完善现行的激励机制及建立更加规范合理、科学有效的激励机制至关重要。

从根本上来看，只有保障了人才的基本需求，才能杜绝人才流失的现象发生，学校结构也更为稳定。

四、高校教师激励机制的现状分析

（一）意识欠缺、观念落后

目前，大多数高校在教师队伍管理上不是真正意义上的现代人力资源管理，大多数仍采用"科层化"的人事管理模式。究其原因，高校教师队伍管理者的思路并没有从传统人事管理的思路中脱离出来，仍然把人事工作当成组织的行政事务工作来抓，重事轻人，这与我国高校"类政府化"的事业单位属性分不开，我国高校属于事业单位，就造成高校在行政管理模式上惯性地采用科层制的管理模式，缺乏全局观及前瞻性。

有的高校管理者对激励体系的重要性认识不足，没有以绩效考评的方式进行管理，从而无法激励教师全身心投入教学工作中；有的高校对教师的绩效考核仅流于表面，没有切实有效的考评机制，在奖金福利方面都以传统的标准发放，没有参考绩效考核结果进行，而是将绩效考核视为行政管理手段，没有起到激励教师的作用。

此外，随着近年来博士招聘、高层次人才引进等政策的实施，高校教师队伍的人才结构在不断优化，但仍不尽合理，青年教师在专任教师队伍中的占比逐渐增长，探索构建针对不同年龄层次、不同教学经验层次、不同学科背景的教师发展的激励机制，如何让青年教师尽快站上讲台、站稳讲台，如何让中老年教师突破教学瓶颈、保持教学热情，也给高校人力资源管理带来新的挑战，人力资源是最重要的资源，如果高校人力资源管理者专业性不足、理念不更新、管理意识淡薄、管理观念落后，采用"以人为本"的管理理念并没有真正贯彻落实下去，这样一来就可能会导致教师对高校缺乏归属感、认同感、责任感，将会给高校的稳定发展带来危机，最终影响的是高校教育教学质量。

（二）激励机制缺乏多样性

激励机制单一，主要体现在激励政策统一化、激励方式货币化和激励时机固定化三个方面。

（1）激励政策统一化。对年轻教师和老教师采取相同的激励政策，年轻教师干劲十足、经验不足，老教师经验丰富、缺乏冲劲，实施"一勺烩"的激励政策并不合理。此外，不同岗位、不同工作性质和不同工作侧重点的教师，激励政策也呈现出趋同现象。

（2）激励方式货币化。以货币的方式对教师进行激励，一切激励形式似乎都可以总结为"发钱"，这样的激励方式显然是不正常的。

（3）激励时机固定化。高校通常将教师激励固定在学期末、学年末等时间段。激励机制缺乏灵活性和及时性，管理者往往在被激励教师的期待降低到最低点时予以激励，错过了"趁热打铁"的最佳时机。

高校教师队伍具有明显的层次化特点，单一的激励形式无法满足各层次教师的需求，目前所实施的激励机制无法适应高校教师的实际需求，青年教师在生活、家庭等物质方面有更多的需求，就要给予他们更多物质层面的激励，如科研启动基金、教学项目资助等；而老教师在生活、家庭等方面均有所保障，就要给予他们更多精神层面的激励，如荣誉称号等，既要满足高校教师物质层面的需求，又要满足精神层面的需求，既要满足工作方面的需求，又要满足生活方面的需求。教师的需求是多方面的，激励机制也应该是多元化的，采用多种激励形式相结合的方式，促进教师的全面发展，才能引导学生的全面发展，进而影响学校的全面发展。薪酬福利、绩效考评成为人力资源激励的重要内容。绩效考核与激励机制不匹配，将不利于调动教师工作的积极主动性，不利于人才引进，进一步影响教师队伍整体素质的提高，薪酬福利、绩效考评等关系到高校教师的切身利益，需要探索适合本校教师的激励机制，发挥预期的激励效果，真正实现高校与教师的双赢。

（三）激励机制与考核机制单向联系

考核机制和激励机制是息息相关、相互促进的，但当前高校教师激励机制研究浅析考核和激励往往是单向联系的，即依据考核结果进行激励。如此一来，二者之间无法起到互为促进的作用。如何使激励机制和考核机制双双灵活起来，因时而变，是高校激励机制必须面对的问题。

大部分高校教师的薪酬体系都是以教师的职务与资历为基础，主要考虑教师的职称、工龄、学历等方面因素，这就难以对高校教师发挥出激励作用。高校在为教师发放津贴的时候，也是根据统一的标准执行的，没有根据岗位及专业进行区别对待，没有体现激励机制。以课时费为例，大部分高校都没有根据教师的授课情况制定课时费，课时费的标准都是统一的，这在一定程度上也影响高校教师工作的积极性。

高校教师的薪酬与其职称、职务挂钩，现行方式下的薪酬分配模式与教师的课堂教学存在脱离，产生重职称职务轻岗位的现象，在一定程度上会打击教师的教学热情和工作积极性、主动性。与此同时，职称评聘通常只有上升，没有下降，还存在以科研成果为导向，忽视教师的教学成果，部分教师就会为了能够评上高一级职称，对教学工作应付了事、消极怠慢，潜心于科研成果的产出，还有部分教师在评上高级职称后，不再重视自身教学和科研能力的提升和成果的转化。此外，高校现行的激励机制主要是物质激励，缺乏精神激励。这样就导致激励机制不够健全，缺乏能够真正发挥实效的激励机制，普遍存在重物质轻精神、重职称轻岗位、重科研轻教学、重引进轻管理等现象，部分高校教师缺乏行动力，对工作不够积极、热情，缺乏创造力。在这种情况下，教师的职业能力提升在现行的激励机制下无法得到实现，从而制约了教师的发展，进一步影响了学校的发展。因此，现行的高校人力资源管理激励机制尚待完善和创新。

（四）正激励多于负激励

正激励特指对激励对象施以肯定、承认、赞扬、奖赏、信任等具有正面意义的激励，负激励特指对激励对象施以否定、约束、冷落、批评、惩罚等具有负面意义的激励。无论是正激励还是负激励，都应被纳入高校激励机制。但现实中，大多数教师认为激励就是指正激励，与负激励无关。造成此种误解的原因是管理者过多地使用正激励手段，即便是在需要实施负激励的情况下，仍只是通过有差距的正激励来实现负激励的效果，表现在教师绩效上往往是得多得少的问题，而不是得与失的问题，导致正激励的效果被严重削弱，同时使负激励很难被教师接受。换而言之，管理者在激励手段上因为过多地选择正激励而难以再使用负激励，对于激励机制而言，这是相当不利的。

（五）物质激励多于精神激励

管理者习惯从薪酬、奖金、住房、工作条件等物质层面激励教师勤奋工作、恪尽职守。然而，对很多高校教师，尤其是对中老年教师而言，物质需求已非他们最迫切的需求，他们更渴望的是受尊重和自我实现。对他们而言，物质激励反而不如精神激励更为有效。但当前的问题在于，精神激励往往难以发挥实效。比如有的老教师一辈子勤勤恳恳，取得了较高的科研成就，但除得到学校领导的口头表扬之外，没有得到学校师生乃至社会的关注和认可，殊为遗憾。物质激励与精神激励的不协调是高校激励机制中亟待解决的问题。

部分高校在管理方面存在一定的制约性，加之高校经费有限，教师培训教育经费方面没有落实到位，使得青年教师的能力难以得到进一步提升，教学与科研也受到影响。此外，还有部分高校在评优及职称晋升方面不够客观公正，存在不透明、不公平的弊端。这就影响了一些教师的荣誉感，挫伤了一些教师的工作积极性，使他们没有得到精神方面的激励，进而导致一些教师逐渐降低了对高校的归属感，甚至造成一些优秀人才流失的情况。

（六）存在"重科研轻教学"现象

"重科研轻教学"现象主要表现在两个方面：在资源分配上，高校更加倾向于对科研方面的支持，而对教学方面的支持力度相对较少，这使得教学的一些软硬件因资源有限而受到制约，不利于高校教师开展灵活有效的教学活动，影响整体教学效果；在奖励力度上，高校也更加倾向于科研，对于科研奖励较多，并且设置了清晰的奖励机制，奖励力度也较大，对教学方面的奖励一般较少，奖励力度也偏小。在职称评定方面，一般从教学和科研两个方面入手进行评定，两大要素所占的比重从一定意义上引导了教师在日常工作中的工作重点和努力方向，若投入科研工作较多的时间和精力会影响对教学方面的投入。在职称评定中对教学方面的评定指标除对课时量有具体的量化标准外，其他方面的指标较难量化。而科研的评定则不同，大多数科研指标可以通过级别和数量等进行量化。除此之外，量化的科研指标能有效反映不同教师和不同高校之间的差异，因此越来越多的高校对教学指标设置的比重低于科研指标，教师把工作重心更多地转移到了科研方面。

高校教师职称评价主要包括科研和教学两个指标。各地各高校的职称评价规定都详细列出了教师教学指标的任务量，一般比较容易完成。然而，教师的教学质量、教学技能和备课时间都没有详细的量化标准，因此很难评估教师的教学能力和教学投入。在职称评价中，教学指标只能反映教师量化任务的完成情况，难以区分教学水平的优劣。目前，高校职称评价更侧重于对教师科研工作的评价，如在期刊发表论文数量、各级项目申请情况、发表作品数量等。在这样的职称评价规则指导下，高校教师将更多的精力投入科研工作中，甚至压缩原有的教学工作安排。

（七）教学管理模式不够完善

高校教师一般具备学历水平高、主观能动性强、知识储备丰富等特点，同时，高校教师对自我要求和环境要求都较高，高校教师需要有挑战性的工作，适当的培训及工作上的自主性和弹性化，因此对这类知识型工作者的管理和激励尤为重要。随着全国各级教师的地位和待遇不断提高，一些问题也凸显出来。

例如：高校监督式的管理方式会在一定程度上影响高校教师在教学方面的创造性和积极性，很多高校依然利用传统的监督考核方式来规范教师的教学行为，这在一定程度上限制了教师的教学行为，在发挥自身教学优势和创新教学方法等方面受到了一定的限制；在教学管理和学科发展等方面缺乏主人翁意识，在重大决策上教师的参与度不高，话语权有限，教师更多的是被检查和监督的对象，这也降低了教师的积极主动性；因教学考评的方法和程序等原因，教师对考评结果存在意见，降低了教师的工作热情和积极性。因此，完善教学管理模式可以有效提高教师的工作积极性和主动性，提高教学质量和教学水平，保障高质量人才的培养。

（八）教学考核制度不够健全

教学考核体系是衡量高校教师投入产出的最有效工具。高校对教师评价的重视程度越来越高，但在考核体系上还存在一些问题。

首先，评估过程与评估结果的比例不平衡。与教学评估过程相比，评估结果更易于评估和评价。因此，越来越多的高校将评价结果的比例设置得高于教学评价过程，甚至忽视过程而只注重评价结果。教师在教学上投入更多的时间和精力，取得良好的教学效果是理想的，但对于一些教学经验较少、教学方法不当的教师来说，这是困难的，这会使这些教师感到沮丧，不利于提高他们的教学积极性。同时，由于在教学方法和教学行为上缺乏有效的指导和培训，这些教师的努力方向并不明确。

其次，评价指标的科学合理性存在一些问题，主要是关键评价指标的选取、指标标准和权重的确定等。评价指标对教师的工作行为有一定的导向性。高校在制定考核指标时，更注重科研，这使得更多的教师愿意将时间分配给科研，而较少关注教学。此外，除传统的指标外，教学工作的评价指标缺乏创新性和与时俱进性。

再次，教学考核的结果对相关方面影响的问题。考核结果影响教师薪酬水平，但教师薪酬构成中的大部分与职称挂钩，因此教学考核结果对薪酬水平的影响有限；考核和职称评定等方面也有类似的问题，职称评定中科研占据了很大比例，而教学方面占据比例较小，且在教学方面每个教师之间的差距有限，教学成效较难量化。这些都导致高校教师将更多的时间和精力用于容易量化且占比重较高的科研方面，对教学方面的关注度和热情下降。

最后，部分高校的教师薪酬绩效考评体系缺乏有效的考核指标，考评方法单一。高校在确定绩效考评指标的时候，采取统一的标准进行，即普遍都会采用领导与其他教师听课、评价，学生点评的方式，这样的模式缺乏客观性，难以将考核指标量化处理，考评方法也相对单一。而将不同任教科目、不同工作岗位以统一标准进行绩效考核的考评方式缺乏科学性，随着教学经验的不断积累，在不同阶段，高校要采用不同的考评方法对教师进行考评，针对的重点内容也要有所调整。

五、完善高校教师激励机制的对策

（一）转变观念，变革制度

高校教师是高校发展的主体，是高校中最具价值的人力资源。高校教师队伍开发与管理的效率决定着高等学校科研水平与教学质量的提升，是推动高校能健康、快速、高效发展的重要手段。由于高校人力资源开发与管理与高校人事管理有着紧密的联系，新时代，各行各业的发展都注重"以人为本"。因此，高校人力资源管理制度的改革也应该从人力资源着手，管理者如果没有树立服务者与指导者的理念，高校教师的主体地位依然无法得到保证，人力资源的规划就难以实现，作为高校的管理职能部门，在制定相关激励措施前，应对本校教师展开充分的调研，把握教师的核心需求，秉承实践出真知，避免产生"经验主义"。因此，高校要想真正实现对人力资源的激励和发展，就要先从转变观念做起，把教师看成是学校重要的人力资源予以重视来进行开发与培育，将激励机制作为高校发展的核心来展开，作为高校而言，其要想能够更稳定、更健康的发展，就必须加强对激励机制的重视，主要可以从用人机制、培训机制及激励机制的构建中去树立和落实。高校要把教师视为最宝贵的资源和财富，不仅要在观念上重视人力资源管理，还要在行动上重视教师的发展，更好地激发教师工作的积极性、主动性、创造性，以促进教师的发展来推动学校的发展。

在建立高校教师激励体系的过程中，要合理地制定绩效管理规则，明确各个岗位的设置，对教师岗位进行分析，并对教师进行界定。在进行岗位分析的过程中，要根据不同岗位的具体工作内容、工作范围和工作强度，制定不同岗位的绩效考核指标。首先，要设计基本的考核指标。基本考核指标是对高校教师进行绩效考核最为可靠的执行依据。高校在设定基本指标的时候，不能设计过多的基本指标，要保证基本指标的精简性。其次，要制定好评价标准。用于高校教师激励体系的评价指标是非财务式的指标，高校可以用平衡计分卡来设立，对实现构建高校教师科学绩效考核有积极的帮助。在具体实践过程中，要根据平衡计分卡，从不同的角度设定评价指标，并确定各项评价指标的规则，以此对高校教师进行评分评价，并将考评结果告知教师本人。通过绩效考核，对教师的职业理想与实践结果的绩效情况进行对比分析，使教师认识到自身的不足之处，从而发愤图强，不断进步。

（二）丰富激励机制

应在激励政策、激励方式、激励时机三个方面对激励机制进行丰富和改进。首先，激励政策要做到有的放矢。可以根据工龄和岗位特征对教师进行分类，在"德、能、勤、绩、廉"诸多方面基础要求一致的前提下实施差异化激励，针对不同年龄和不同岗位的教师实施不同的激励机制。其次，激励方式要多管齐下，避免单一的货币化激励方式。可以在货币激励的基础上，辅以改善工作条件、提供发展平台等激励方式。最后，激励时机要恰到好处，及时准确的激励往往能够起到强化激励效果的作用。对教师取得的成就予以及时表扬或奖励，能够在一定程度上强化正激励效果；对教师所犯的错误或过失准确进行惩罚或批评，能够帮助教师改正错误。

同时将目标激励和制度激励相结合。不管是何种激励措施，均要有明确的目标，凸显出激励的针对性，才能达到预期的效果。在开展目标激励时，要融入相应的制度，规范操作各项激励措施，就能使目标更加明确，使教师不安于现状，对待工作认真负责。在融入制度激励措施时，除要明确各项管理制度和分配制度之外，还要对制度中存在的不足之处加以改进，要融入竞争机制，凸显出教师的个体差异性，根据教师的实际情况，对其予以针对性奖励，就能达到事半功倍的效果。

当下部分高校仍然将激励机制作为平日工作的一个部分，并没有将激励机制作为重要的高校建设内容。高校为了实现长久意义上的发展，就必须充分意识到激励机制的价值与作用。当下社会强调"以人为本"的核心理念，高校激励机制的相关建设，都需要以人力资源为核心出发。作为高校的管理职能部门，就需要对人力资源的相关工作进行充分的调研，理解每一位教职员工的核心诉求，从而采取更契合员工需求的激励措施，杜绝任何"经验主义"的现象发生，建设一个符合新时期诉求的专业高校激励机制原则。面对激励机制，最为直观的内容即为物质基础，也是员工生活的前提与保障，所以在激励机制的建设上，首要任务与基础，就是加强物质类别的激励，以此调度教师的工作积极性，使其教职工的生活水平循序渐进地得以提高。同时，对教职工进行精神激励也是必不可少的，精神激励主要包括各种荣誉称号和树立榜样等，通过一种无形的力量在教职工心中种下积极向上的种子，通常能够发挥无穷的力量与作用。精神层面的文化建设奖励，能够从心底及思想上，激发作为教职工人员的工作积极性，也使其能够积极主动地投身教学活动中，建立专门的思想价值观念，为后续的工作奠定坚实的基础。

绩效考核与激励体系二者具有相辅相成的作用与联系，因此，要想构建科学完善的教师激励体系，就要有合理的绩效考核管理方式。而当前，高校对教师实施的激励措施主要是以薪酬激励为主，故高校在对教师进行考核的过程中，需要将绩效管理与激励体系有机地结合在一起，设计合理的薪酬激励体系，这样的方式能够提高教师的积极性。具体而言，高校教师薪酬由两部分组成，一部分是固定的收入，还有一部分是浮动收入。固定收入可以与教师的日常工作情况联系在一起，对于在岗位工作过程中工作热情高、积极主动，能够认真完成本职工作任务的教师，其固定薪酬应稳定提升；浮动薪酬既包括奖金，又包括津贴。值得注意的是，高校教师的薪酬底薪存在差异性。浮动薪酬是建立在基本薪酬基础上的，要激发高校教师的工作积极性与主动性，调动教师的工作热情，就应为高校教师提供物质上的激励。

（三）有效衔接考核与激励机制

针对考核与激励的断层，高校应当建立"考核—激励—考核"的双向联系，有效衔接二者。具体而言，就是根据考核规定和考核结果对教师予以激励，根据激励效果进一步修正考核。激励是否有效、激励的程度是否足够，可依据教师满意度进行评判和调整。如此一来，考核机制和激励机制之间能够相互促进，形成良性循环。建立科学合理的考核评价制度有以下几点需要注意。

1. 明确激励目标

从整体层面来看，激励机制的目的在于促进高校的良好发展，而不同类型的高校，其建设的目的应该也有一定的区分。目前来看，高校可具体划分为教学型、研究型、综合型，而不同的高校对教学重视程度也存在一定的差异。因此，高校内的教师及其他教学从业人员，自身工作的性质也会出现偏差，激励机制也存在区分。

2. 建设专业评价体系

高校人才激励机制评价指标体系的确定应该建立在目标设定的基础上，并结合教学科研人员的类型或岗位来设置不同的指标。评价指标体系都应包括教学评价指标、科研评价指标和其他评价指标，根据需要可在每一大类下面再分出若干小类指标，每类指标中既有定量指标，也有定性指标。

3. 设置合理评价标准

所谓评价标准指的是对激励机制的参照体系，学校要根据自身的实际情况及对每一个岗位的考量，设计专门的检验标准系数，同时结合国家的法律规章制度作为基础，建设专门的考究指标及参照的标准，对每一个建设的评价体系与标准，予以参数的分析与考究，做出专门的解析。

4. 合理使用考核结果

激励机制的根本目的是激发工作人员的积极性，所以激励机制的使用也需要评价，如果其存在激励目的的差异，也要做到专门的调整和完善，才能更好完善激励机制。此外，为了加强考核评价效率，作为人力资源管理人员，要了解"德、能、勤、绩、廉"的内涵。这样一来，将会有利于员工个人的发展，同时，时刻以创新发展为己任，锐意进取，取得更大的成绩。

（四）平衡正激励与负激励

正激励和负激励各有其作用，前者可以正面鼓励被激励对象，而后者则能对被激励对象予以警示，二者缺一不可。因此，必须要平衡正负激励的使用，消除教师对于"激励等于正激励"的误解。薪酬奖金要有得有失，职务职称要能升能降。但在实际中，激励机制在运行之初尚能够平衡使用正负激励，时间一长，就容易出现重正激励而轻负激励的问题。因此，正负激励的平衡使用离不开管理者的时刻警醒，也离不开被激励对象的自知与配合。

同时在高校管理过程中，设置激励机制，前期阶段需结合实际情况制定较为详细的实施条例，确保制度的公正性，实施阶段，对教师实施确切的考核标准，教师可对激励制度产生较高认可度，保证激励措施有效落实。除此之外，激励制度标准及条例实施过程中，对教师需求层次及需求时间进行详细调查，促使激励制度对教师带来具体利益。

（五）协调物质激励与精神激励

协调物质激励与精神激励，第一要义是"按需分配"。激励本身就是通过满足需求来调动被激励对象的积极性，只有满足教师需求，才能取得最佳激励效果。因此，在条件允许的情况下，应对不同群体的教师实施不同的激励方式，或给予教师一定的自主选择权。同时要重视精神激励，使其不流于形式。对取得突出成就的教师，要扩大校内校外的宣传力度，使教师获得更高的社会认可度，为其他教师树立榜样。

精神激励作为一种与物质激励截然不同的方法，精神激励重在理解教师，尊重教师的人格，满足教师更高层次的需求。大部分高校会将物质激励作为主要的激励方式，但却并不一定能达到理想的效果。为了使教师得到全方位、立体式奖励，就要了解教师的心理需求，解决教师的实际问题，将两大激励措施有机结合，就能使教师心中的疑惑得到解决，还能使其学会缓解工作压力，具有更高层次的追求。

（六）改革职称评定制度

职称评定中教学和科研比重的设定对高校教师工作行为具有一定的导向性，如果科研比重过大，会使教师更加偏重科研而忽视教学，这对科研强的人是利好的，但对教学较强科研稍弱的教师而言并不占优势。因此，高校需要调整职称评定标准，充分发挥高校教师的教学和科研的优势。通过一定的标准对教师岗位进行进一步划分，根据教师的不同优势并且在征询教师意见的基础上进行划分，如分为教学型、科研型、教学科研型，对不同岗位类型设置不同的教学和科研考核目标，以此作为职称评定的标准和依据。设置合理且与高校教师有较高匹配度的岗位类别，可以充分发挥教师的优势，激发教师工作潜能，提高教学水平。

对于选择教学型岗位的教师，可以从以下几个方面进行职称评定：规定一定数量和质量的教学工作，完成基本教学工作量后，多余的工作量可以加分和奖励；引导学生参加各类竞赛进入考核体系，对在国家级和省级竞赛中获奖的学生进行关注和加分，对其他类别和奖励等级的竞赛进行分级，按规定加分和奖励；教师在国家、省、市、校级讲座比赛中获奖或其他教学奖励，按成绩给予加分和奖励；优先考虑教学成绩突出、学生评价高的教师；教师的岗位可以分级评价，每个职级可以设置不同的能力和相应的薪资水平，即通过职级提高薪资水平，鼓励高校教师将更多的精力投入教学工作中。对选择科研型岗位的教师，在评定职称时，更多从立项、项目获奖、发表论文等层面进行评价。

开展考评工作需与现有岗位工作需求相结合，结合教师实际工作属性及工作能力表现，从多种角度制定考评机制，对现阶段岗位工作能力在高校机构发展过程中的价值效用进行真实及客观性的反映。考分机制及人才激励政策进行联合，人力资源管理具有更加精准性的数据支持。专业岗位和普通岗位中，需结合管理信息的服务类别进行相应测定和管理，基于多种角度，对教师具备的工作能力进行反映，利用岗位工作对奖励机制进行正确划分，确保物质奖励及精神奖励有效落实，有效调整人力资源的管理方式。

（七）完善教学管理模式

完善教学管理模式，鼓励教师参与教学管理，提高教师在教学管理中的地位，提高教师的参与度和话语权，增强高校教师的主人翁意识，逐步将教师工作重心转向教学，在提高科研水平的同时，更加注重提高教学质量，为人才培养做好充分准备。

高校应建立民主、互动、创新的管理模式，以教师为基础，真正把高校教师纳入教学管理中，发现工作中存在的问题并加以改进；改革和完善职称评定、薪酬分配、考核评价、培训发展等各项制度，提高教学效果与这些方面的相关性和比例，让教师关注教学和教学效果；加强教学评价指标的改革与创新，应结合新兴的教学方法，拓展教学评价指标的内容，提高教学指标的权重，引导教师更加重视教学；同时，高校要关注教师的工作满意度和情感需求，通过丰富的物质和精神激励形式，提高教师满意度、工作积极性和工作效率；加强高校教师的专业培训，提高教师的教学能力和技能，赋予教师更大的教学自主权，提供选择性和挑战性的工作内容，激发教师的教学潜力，提高教学水平。

激励措施的实施并不仅仅是为了满足教师的需求，激发教师的积极性，更要通过有效激励营造融洽的工作气氛，使教师能够对未来充满信心。良好的工作环境还能使教师拥有饱满的精神状态与稳定的情绪，使其能够在工作中激发自身潜能，运用自身聪明才智解决在工作中遇到的问题，有效提高教学服务质量。

激励机制的构建与完善是一个循序渐进的过程，高校要结合自身实际情况构建激励机制，完善管理制度，融入人性化管理理念。既要保证教师的行为得到有效约束，又要使教师感受到人文关怀，这样才能使激励措施进一步发挥作用。要转变传统的激励模式，根据教师的实际情况和高校情况，开展多元化激励。要了解教师的需求，为其提供更多的机会。比如，为教师提供进修和培训的机会，使其能够掌握更多的先进技术和管理知识。通过这种方式，既能提高教师的综合素质，使其获得晋升机会，又能提高高校的服务质量。

新时代赋予高校教师更高的要求，很多高校教师都在积极提升自身的专业能力与业务水平，争取在工作岗位上发挥出自身的潜能，贡献自己的力量。因此，高校可以根据教师的发展情况，通过开展教师培训、学习等渠道，为教师创造并提供提升自身的能力、发挥潜能的机会。在具体实施的过程中，可以采用如下方式进行。

1. 要设定明确的培训目标

坚持以科学、有效为原则，针对不同的教育岗位采取不同的教育培训，开展各项培训活动。例如：对高校中的中层以上管理者，可以通过行政管理和法律知识、教育理念的转变等方面为主要内容展开培；针对基层教师，可以围绕教学能力提升、科研能力提升、职业生涯规划、综合素质提升、网络教学技术、心理健康教育、校史校情等内容开展培训学习。

2. 要丰富培训方式

例如：举行专家报告会、学术研讨会、教学沙龙、教师教学咨询、心理健康咨询；组织参观考察、课堂观摩；派到国内或境外研修；进行素质拓展训练；给新进教师配备领航导师等方式。高校可以让教师之间相互学习，也可以邀请其他高校中教学能力突出的学者或教师对本校教师进行培训，从而丰富教师的教学经验；还可以让教师到专业的培训机构中进行深造学习。通过多样化的培训手段，有助于建立多样化的激励培训措施，保证激励体系的有效性。

3. 开展培训激励措施

定期开展培训，务必做好监督管理评估工作。在针对教职人员开展学习培训工作后，高校要对教师进行严格的考核与评估。高校可以通过卷面的方式将培训结果体现出来，并让培训教师以打分的方式对结果做出正确评价。

4. 综合应用结果

最终考核要综合地考虑评估结果与评价打分结果，对参加培训学习的教师进行实际效果评估。对培训结果较差的教师，建议其参加更多的学习与培训。

（八）构建多元化教学评价系统

高校可以从学生评价、同事评价、相关负责人和院领导评价、外部专家评价、本人评价等多层面对高校教师进行评价，通过信息化的手段进行公开透明的评价，将教学和科研两大重要因素按照一定的比例设置并纳入教学评价系统。注重过程性评价和结果性评价的比重设置，从而进行科学合理的评价；同时，要坚持评价的全面性，坚持创新性和与时俱进性的原则，构建事前评价系统、及时性评价系统、阶段性评价系统、评估反馈系统等，公开透明地进行有创新性的全方位的评价。

高校要加强教师教学评价体系的多方位适用性，使评价体系与岗位等级评价与就业、教师职称评价、教师年度考核、教师岗位晋升、薪酬挂钩等级。由于传统职称评价过分重科研、轻教学，应在评价体系中设定科学合理的权重，引导高校教师根据自身优势合理分配时间和精力。注重教学工作高质量发展。薪酬是反映教师工作价值的较为重要的因素之一。合理的激励性薪酬制度对教师的激励作用尤为明显。高校应本着公平、公正的原则，制定差异化的激励薪酬，打破以科研成果和职称评价为主的传统薪酬分配模式，调整薪酬结构，建立以教学为主的奖励薪酬模式。对教学成绩突出的教师给予一定的奖励性薪酬，鼓励教师工作重心不仅要科研，还要注重教学，调动教师教学工作的积极性和主动性。

同时还需营造和谐的高校人文环境。良好、完善的工作环境，也是帮助教职工人员激发工作热情的重要前提，并且在工作中体会快感，激发自己的工作创造力。由此可见，激励机制并非过于死板的内容，而是灵活机动注重多元化的建设。首先，学校内部要不定期展开不同的会议，让不同的教职工人员针对高校的人文环境建设提出自己的意见和想法。其次，高校内部也需要积极主动地建设办公环境，给予每一位教职工人员一个良好的氛围。最后，人力资源管理部门，也要调和好不同教职工人员潜在的不和谐现象，力求每一位工作人员能够互相帮助，共同为全体学生服务。只有有机结合好精神激励及物质激励，才能最大限度上挖掘高校人力资源的激励机制价值，为教师的能力提升奠定基础，实现良性的可持续化循环。

高校在对教师进行考核后，要根据实际的考核成绩对教师的职业发展进行规划。对高校教师而言，职业发展规划是一件大事，绝大多数高校教师都具有较高的文化素养，对未来职业生涯规划发展十分重视。因此，高校可以通过轮岗、晋升等方式激励教师，高校管理部门也要为教师调整好工作岗位，尽量为教师分配便于其个人能力发挥的岗位。

（九）制定合理的福利激励方法

福利待遇事关高校教师的切身利益，是高校教师的重要收入之一。高校要科学合理地提高教师的福利待遇，将福利激励手段与绩效考核结果结合在一起，从而激发高校教师的工作积极性。在具体实施过程中，可以从以下几个方面着手。

首先，要制定具有较大吸引力的福利待遇标准。例如，可以为教师提供租房或者住房补贴，还可以为教师开展娱乐、健身等文化娱乐活动，充实教师的精神生活，而强有力的福利待遇标准能够极大程度地激发教师的工作热情，使其全身心地投入本职工作中。

其次，要提升福利激励措施的透明度与公开性。高校可以针对教师制定专门的福利待遇标准，明确公布福利待遇情况。同时，高校要做好福利待遇激励机制的宣传工作，吸引大批优秀教师人才加入本校教师队伍，增强师资力量。

最后，高校可以为教师制定具有一定弹性的自助福利激励制度。不同的高校教师存在各自的区别与特点，因此教师与教师之间也存在一定的差异性。高校要尊重教师的差异性，在建立高校教师激励体系的过程中，建立具有弹性的自助福利激励措施。例如，高校可以根据教师的绩效考核成绩为其发放相应的福利点数，教师可以在福利点数范围内，根据自身的需要选择福利，教师也可以将福利点数积攒起来，日后一并使用。这样的方式为教师激励体系增添了灵活性与选择性。通过弹性的激励措施可以更好地调动教师的工作热情，从而更好地发挥出高校教师激励体系的作用与价值。

第六章 高校组织绩效的评价体系建设

合理的绩效评价指标设计能够全面地评价教师"德、能、勤、绩"四个方面的工作状况。我国目前很少针对这四方面指标进行深入的研究，对四方面指标所涉及的具体考核措施也相对缺乏，最终导致整个教师绩效评价指标仅限于纸质文件。有些高校对于这四方面的指标概念还处于模糊状况。这样在实际评价过程中，不仅不能真实反映教师的工作情况，还严重影响教师的工作质量及整个管理体系的有效性和科学性。本章从高校组织绩效评价指标设计的原则及构建策略两个方面进行了讨论。

第一节 高校组织绩效评价指标设计的原则

一、高校组织绩效评价的内涵

（一）组织绩效评价

在绩效管理工作中，绩效评价作为主要组成部分，实际工作中主要采用数理统计的方法进行有效的结果计算，还会运用运筹学原理，结合指标体系、标准和价值客观分析一些定量定性数据，从而客观、公正、准确地综合评判高校发展期间的业绩成果。评价指标作为评价工作的载体，能够实际反映运营效果，推动绩效评价工作的合理开展。绩效评价工作过程中是否合理地选取评价指标会对评价工作产生很大影响。

绩效评价是管理者对员工各种行为的效果是否与组织目标保持一致的综合性判断，也是识别和计算员工工作能力与工作效能的基本手段；绩效评价的有效性是人力资源工作管理的关键所在。通过绩效评价，能够让组织员工清晰判断出自身的优势和劣势并加以改进，推进员工的自我管理，为此，组织绩效评价模式的选择至关重要。

（二）高校组织绩效评价

通过绩效评价和管理工作，可以提升管理的效能，强化高校治理的水平，还能运用完整的法人治理结构，提升治理的效果和质量。在高校组织绩效评价工作的开展中，以高校为评价对象，加强其绩效目标的有效制定，结合评价指标及方法，全面分析评价对象的工作成果成效。通过统一的分析方法对分析结果进行综合性考核与评价，及时了解高校在教学和管理中存在的问题。

高等学校是开展人才培养、科学研究、社会服务和文化传承的机构。高校教师的绩效直接决定高校职能的有效性和可靠性。因此，高校教师绩效评价必须做到全员参与、全方位评价，既要保证教学质量，又要保障教师的权益。评价必须公正、客观、真实、有效。对工作目标进行评价，在评价过程中合理分工协作。一个完整的高校教师绩效评价体系应包括评价指标的构建、评价工作机构的划分、评价过程的选择、评价方法的应用、评价结果的公示、申诉处理等多方面内容的机制。因此，要加强高校教师绩效评价管理，有效合理使用评价结果，充分考虑教师主体地位和高校实际情况，注重征集整理。评价信息化，优化评价指标体系，加强评价工作培训。在充分调研的基础上，科学调整绩效标准，关注高校问题导向和战略定位，保证各项绩效评价指标的平衡合理，注重主要绩效和基础绩效的权重分配绩效，确保高校总体目标的实现。

（三）高校组织绩效评价指标体系

这种体系在构建和发展中可以准确反映高校功能和使命之间的相互关系，还能按照一定的联系和顺序线索，构建高校组织绩效评价管理的整体评价体系。绩效评价管理工作会采用适当的绩效指标方法，加强针对性评价体系的构建。同时，让绩效管理和评价的目标渗透到各个部门的发展中，要求部门结合绩效评价指标来提升管理和评价工作水平，促进其评价工作的开展，为高校未来目标的制定提供保障，还能实现高等教育的合理发展，提升现代化建设和发展的整体实力和水平，呈现出不一样的发展形势和特征。

二、高校组织绩效评价体系建设注意事项

（1）能够确保高校明确实际情况，满足顺应新时代发展要求。在高校发展中，可持续资源是确保其顺利改革的关键部分，重视资源配置模式的有效改革，是满足高校综合改革的重要过程。随着我国高等教育逐渐向大众教育的方向不断发展，

高校办学的规模也在不断扩大，基础设施在建设中也得到进一步完善，教育资源在投入上也在不断提升，但与此同时发生了一定的资源配置浪费的问题。针对这一情况，高校必须要重视绩效评价工作的开展，并建立新的绩效评价指标体系，以此来实现高校资源配置的创新性，由此确保高校能够从多渠道、多角度来获得更多投资。

（2）能够增强整体办学质量，满足高校资源的科学配置。当前国家对高等院校投入的教育经费呈现出逐年增长的趋势，可是很多高校却存在经费难以高效利用的问题，不能满足长期发展的要求。通过建立有可操作性的绩效评价指标体系，有效地增强经济的核算考核效果，明确实际中投入教育资金所带来的实际效果和现象，进而控制低效和无效操作的出现，对资源利用中出现的铺张浪费问题进行控制和管理，增强高校运行的水平，控制业务成本的提升，增强高校办学质量的同时，为促进高校教育水平的全面提升奠定坚实保障。

（3）增强资源分配效率，优化绩效评估形式。针对当前研究情况进行分析，发现其中相关主体未能针对高校的绩效评价指标构建工作达成合理的共识。高校的绩效指标必须要有较强的标准性和灵活性，进而在建立完善绩效评价指标体系的同时，强化高校的管理工作水平，让高校在运行中对其行为进行制约和监督。另外，结合政府之外的投资主体进行分析，为绩效评估工作的开展提供有利依据。

三、高校组织绩效评价指标应遵循的原则

（1）整体性。高校组织绩效评价指标体系实际构成了指标群，其中，不同指标个体之间既存在相互联系，又具有各自不同的侧重点，能从总体上对高校绩效进行体现。

（2）相关性。组织绩效评价指标体系涉及的全部数据，尤其是财务相关数据，均需获取详细真实的相关资料。

（3）可比性。高校应基于统一的核算范围，对组织绩效评价指标进行构建，保障高校能同时开展横向比较和纵向比较。

（4）科学性。高校对组织绩效评价指标体系进行构建，选择指标应避免遗漏，同时要杜绝指标重复。常见的指标不仅包含各类财务指标，诸如校产绩效、资产绩效等，还涵盖各类非财务指标，诸如教学绩效、声誉绩效及科研绩效等。应遵从实事求是的科学态度，力求方法结构简洁严谨、具有针对性，客观反映研究对象本质。

（5）目的性。高校组织绩效考核体系构建应体现国家、省及学校管理部门对教师业绩期望，因此在具体指标体系构建中要体现权重目标的设计，正确引导教师围绕目标积极开展各项业务工作。

（6）系统性。高校教师绩效考核体系设计与国家、省市宏观环境有关，也和学校自然的微观环境有密切关系。因此，在设计高校组织绩效考核体系时必须注重宏观与微观、体系构建设计指标之间关系的有机统一。

（7）易操作性。高校教师绩效考核体系务必做到研究对象和内容明确，研究方法要简单、方便、实用和可行，研究结果有效。

（8）激励性。高校教师绩效考核体系的构建应该引入激励机制，合理的激励机制影响绩效考核的结果，客观、公正的绩效量化体系会对教师呈现良好的激励效果，促进学校各项事业的长足发展。

（9）兼容性。一所高校由多个院系组成，专业结构复杂多样，同时不同院系、不同专业发展差异很大，不同专业教师工作效果的表现形式多样。因此，高校教师绩效考核体系建立指标体系时，应对不同类型、不同层次、不同学科的教师教学、科研成果和工作情况统一进行标准评估，使其具有可比性，对评价内容要尽可能全面。

（10）开放性。高校教师绩效考核体系的构建系统应该是一个开放系统。根据热力学的熵增原理，任何孤立系统，不管其初始条件如何，其状态都会越来越混乱、越来越无序，最终走向终极平衡态，即死亡。因此，高校教师绩效考核系统，必须要打破传统的封闭模式，要不断与外界积极地进行物质、能量和信息的交换，使其尽可能获得足够的负熵流，具有耗散结构的开放性、动态性、非平衡性和非线性特点。

四、高校组织绩效评价的体系理论

高校绩效评价的体系理论中，平衡计分卡是一种绩效管理工具，运用这种管理工具能够推动绩效评价工作的合理开展，采用宏观战略和绩效管理工作融合的形式，提升高校发展水平。从财务、内部流程、学习、顾客四个维度出发，结合每一个评价维度来选择合适的评价指标，也能帮助绩效评价管理工作构建完善的绩效评价指标体系。最早运用平衡计分卡的是企业战略管理部门，后来学者将这种评价和管理方式运用到一些非营利组织当中。这种方式可以实现财务指标和非财务指标之间融合发展的目的，并且有利于推动外部指标和内部指标之间的渗透发展，系统平衡和评价组织绩效管理工作，让管理工作满足系统化的建设发展要求。为了反映组织的目标实现情况，需要采用关键绩效指标方法，推动绩效管理工作的发展。而且这种多元化的评价方式，也能提升评价管理工作的针对性，从多方面反映高校实际的发展情况和战略目标落实情况。此外，关键绩效指标的评价重点在于提升绩效管理水平。其他的应用方式还有层次分析法，这是一种系统性的评价方法，通过定性和定量之间结合的方式，推动高校绩效评价管理工作将决策对象层层分解，呈现出不一样的评价方式，让目标、准则、指标等各个结构融合发展，通过完善的组织结构和框架，有效推断出不同层次单元中的目标总体情况，这对于高校的决策方案制定和实施具有重要的排序作用。

在新时代发展的背景下，所构建的评价指标体系需要是多元化的，而且运用科学、系统的评价方式，也能及时了解高校发展的成果。高校绩效评价管理工作可以将目标分解为多个主体，具体体现在顾客、内部流程等方面，然后还包含一些财务与学习和成长等有关的维度。在分析顾客维度的过程中，可以全面了解各级政府、企事业单位对于高校的评价态度，提升顾客满意度，也是强化高校绩效管理真实水平的必然方式。在对高校顾客维度进行设置的过程中，需要根据新生质量排名、毕业生满意度、留学生数量等指标进行有效的绩效评价和管理。财务维度作为基础性指标，有利于提升评价的针对性。高校属于非营利的组织单位，因此不用采用提升利益最大化的发展形式进行工作和创新。财务维度可以通过以满足战略目标发展为前提的方式，为其战略的发展提供资源和保障。在财务维度设置的过程中，能够有效地反映出预算执行率、经费自给率及内涵经费支出占比等实际情况，还会成为高校发展、收益能力提升的重要指标。为了全面体现组织的核心竞争力，需要发挥内部流程维度的作用。高校绩效评价管理工作可以通过内部流程维度来将内部运营机制的效率、利用效率、管理水平综合反映出来。同时，高校内部流程维度的设置，还能准确反映出高校在教学质量、内部运营效率等方面的总体情况，这对推动高校全面发展来说具有积极作用。学习和成长维度作为高校绩效评价的基石，通过这种方式和维度能够将教职工能力提升和教师队伍建设的实际情况反映出来。学习和成长维度的设置需要与高校实际教学情况、教师总体数量的比例之间有机融合，从而才能针对性地反映出教学和科研发展的实际情况。

第二节　高校组织绩效评价体系的构建策略

一、评价体系构建的基本要素

高校组织绩效评价体系中，价值体系是核心部分。如果从价值的定义来分析，其一是表示事物自身具备的意义或作用，其二是表示如何对价值进行认识与评价。价值体系实际构建中，具体应从其构成要素及逻辑路径两方面入手。首先，价值体系的构成要素。将价值体系分解，得出其主要的构成要素，分别为价值形式、价值载体及价值指向。分别对其构成加以分析，价值指向表示高校组织绩效评价的内在价值，即高校想要传达或者存在的价值理念，其作为对高校组织绩效好坏加以判断的基本准则。对我国高校而言，其肩负国家义务的同时，还承担着相应的社会责任，因此高校价值指向可有效反映公共价值的内涵。而价值载体具体是指相应的行为活动，主要指高校组织绩效评价的客观对象，包括具体的科研活动及教学活动等；同时通过这些行为活动，将价值指向以具体形式表现出来。价值形式主要代表着价值的实现方式或者价值的反映形式，简单而言是通过什么样的形式体现出高校的价值指向，所以应找出可以代表高校组织绩效评价价值的载体，将价值指向具体化，设计具体的指标，这是构建价值体系的重要前提。其次，价值评价逻辑路径。服务社会、培养人才、传播知识及科学研究均是高校的主要任务，而教育的重点内容又是培养出什么样的人，因此，高校价值指向主要通过高校向社会输出人力、成果及思想加以体现，以上价值指向则需要教师个人、高校职能定位等进行承载，这可以看出，高校的价值载体就是将以上价值指向体现出来的各项行为活动。从教师个人、学院及高校管理层面，进行不同评价标准及指标的设计，可以有效将高校价值指向实现程度反映出来。代表高校价值载体的行为活动有行政行为、科研行为及教学行为等。在高校组织绩效评价工作实际开展中，需要考虑高校组织绩效与社会公共价值基础是否具备一致性。在当前高校管理下，其绩效需要将社会公共价值属性体现出来。

价值体系的反映形式体现为指标体系。在高校组织绩效评价的实践中，指标体系将体现在两个方面。第一个方面的内容：要与高校的价值取向高度契合，体现高校的发展战略和价值理念；第二个方面的内容：设置指标时要注意层次性。实际设置环节需要从不同层面入手，包括个人层面、学院层面和大学层面，最终形成双重评价路径，以确保大学组织绩效评价指标体系的构建质量。一是人才培养指标的设置。高校的根本任务是为社会培养人才。人才培养的绩效主要涉及人才培养的质量和人才培养的数量。该指标下设置了三个相关指标：第一，本年度毕业生人数；第二，师生比例；第三，毕业生就业率。二是，科研成果指标设置。高校具有较强的科研能力和大量的专业人才。现阶段，人们越来越关注高校科研的地位。在这种情况下，科研成果已成为高校组织绩效的关键指标。发表研究论文、承担研究课题、获得科研成果奖，将直接反映高校科研成果的质量。因此，高校科研成果的具体指标主要设置如下：第一，研究课题数量；第二，科研成果奖励数量；第三，发表论文的数量；第四，出版专著的数量。三是，社会化服务指标设置。在社会服务方面，具体体现在经济效益及教育服务效益上。在经济效益方面，主要是高校在科研成果转化下，为企业提供相应服务，促进企业良好发展，并且起到服务社会经济发展的作用；在教育服务效益方面，具体是利用继续教育等方式，为社会提供教育服务。社会化服务指标主要设置为：第一，应用成果数量；第二，应用研究课题数量；第三，成人教育毕业生数量。四是，学科建设及教育资源指标设置。教育资源的不断投入才可实现高校的持续发展，包括固定资产增长及校舍面积扩大等。五是，实验室数量及图书数量教育资源也是高校组织绩效的关键内容。其指标可设置为：第一，固定资产总量；第二，校舍面积；第三，重点学科数量；第四，实验室数量；第五，图书数量。设置出的相应指标较为细致，会形成相互联系、制约的集合系统，势必会有助于高校组织绩效评价体系的构建。

二、高校组织绩效评价存在的主要矛盾

（一）组织绩效评价与学术发展的矛盾

评价导向作为一项重要指标，对评价结果和评价衡量指标起着决定性的作用。目前，高校教师学业成绩评价存在评价取向偏差的问题，导致评价过程过于正式，评价结果与实际情况不符。在评估大学教师的学术表现时，我们应严格遵循积极创新和最高学术水平的原则。在应用绩效评估时，我们只注重对组织绩效的考虑。由于组织绩效直接影响学校每年招收的学生的来源、排名和声誉，偏离目的必然导致评价指标过于形式化，从而导致学术评价无法发挥促进科学先行和学术创新的价值。界定评价目的以提高组织绩效是绩效评价取向的偏差。以定量比较作为评价指标的标准，导致教师以提高个人绩效评价分数为目标，努力提高学业数量，而不注重学业质量和创新。量化评价指标也会导致以指标为核心，教师和高校过分追求量化指标是否符合要求，而不注重学术价值。定量比较法在一定程度上可

以促进和评判高校教师的学术成就和贡献。然而，目前高校还没有认识到量化比较的核心，存在滥用量化、极端量化等问题。可以看出，评估方法中提高学术贡献与组织绩效之间的矛盾导致学校存在严重的数量问题。

评价教师时一项关键指标为评价导向，在多年以来的高校绩效评价实践中，一直无法有效解决的问题是构建一个对组织发展有利且推动教师发展的评价导向。然而如今正在实施的大学评价制度，让教师怀疑是否合理把握评价导向。当前评价导向上的关键矛盾点体现在，评价将核心放在提升组织业绩效率方面，因此，设计的指标体系的前提条件为可量化。造成高校所有教师以指标为中心，追求数量，引导教师采用各种方式达到"指标"要求。从而出现考核指标达到要求，而学术水平停滞不前，甚至出现学术水平下降现象。应用该量化指标的高校，也会从是否可以进入重点院校、高校排名、是否争取到经费等方面出发。一些过度量化教师学术评价中，尤其是部分问题并非量化指标自身，是高校采取极端或者过于片面的方式使用量化指标，未合理掌握量化的度，未权衡量与质间的平衡关系。

（二）组织绩效评价与学科多样性的矛盾

高校教师科研绩效评价的复杂性是多方面的。一是如何准确评估科研投入。科学研究需要投入各种资源。投资是跨学科的，主要包括购买实验设备、专项研究经费和研究人员。由于学科的多样性，如何最大限度地利用公平标准来衡量科学的产出，也是高校绩效评估中亟待解决的问题。目前，我国一些高校对教师科研投入成本的评估方法多种多样，包括科研成本、人力成本等；其中，科研成本是指数据成本、研究成本、咨询费、差旅费、评估成果成本等；同时，在科研过程中存在着固定资产维护成本和折旧成本。二是如何准确评价科研绩效的及时性。科学研究是最具创新性的工作之一。教师应投入大量精力和时间，提出课题研究和接受研究成果的时间要求。因此，教师的科研工作应该从及时性的角度进行评价。通过及时性评价，可以评价教师在科研投入、科研成果应用、科研成果转化等方面的时间。三是，如何评估科研团队。科研队伍建设是增强人才效应、优化高校科研资源、提高高校科研能力、加快优秀人才培养的重要举措。将教师个人科研与团队科研相比较，团队科研取得的科研成果是由多人完成的，每个教师的科研成果无法明确划分。因此，如何对科研团队进行定量评价是组织绩效评价面临的主要问题。在高校组织绩效评价中，忽视文献、注重理论的现象较为普遍。评价指标过于单一，各学科、专业采用相同的评价标准，使得评价结果的可靠性不高。

（三）组织绩效评价与教职多样性的矛盾

目前，我国执行的高校教师评价中，几乎所有高校提出的要求基本雷同，高校也运用相同的标准评价教师，对教师授课的学科、所在职位、学历、年龄及各个学校办学能力间差别等因素并未考虑在内。在此要结合分类指导与统一要求，针对不同高校与教师运用分类分级的考核评价模式，针对不同等级的教师制定相应考核标准。要从高校岗位出发制定对应要求，科学合理划分教师专业技术职务等级，并对该岗位制定符合要求的评价标准与岗位职责。高校因结合后勤技术人员、校内工作人员的考核体系与教师考核评价，进一步改进与完善学校内部评价体系。采用分项评价方式，合理区分新入职教师评价标准与已就职员工岗位评价，同时有效区分绩效评价与教师岗位晋升评价，对各种类型评价间的关系充分表现，保持各评价均衡发展。

三、高校组织绩效评价的体系框架

（一）基本框架

现代化发展背景下，为了提升高校在绩效评价和管理等方面的综合水平，需要有效了解绩效评价体系构建的基本框架。在基本框架的建设中，包含价值、组织环境、指标体系的组成系统，还要采用大数据分析的方法来客观评价教学、科研、管理等方面的特征，加强评价工作的创新。绩效评价的核心在于高校的价值体系，指标体系是其关键，根据价值体系和指标体系进行高校工作的全面考量，有助于实现评价工作的相关理念和发展目的，通过完善的绩效评价方式来辅助高校管理工作的发展。组织环境体系在应用的过程中，通过制度、技术规范的组织环境体系，可以落实相关宏观法律和政策，还能让国家布局和服务地方战略与高校绩效评价工作相结合，拓宽高校绩效评价的空间范围。大数据分析是在互联网时代背景下高校绩效评价模式的创新形式。通过对信息技术的应用和升级，能够拓宽绩效评价的范围，更好地了解高校在实际教学和发展过程中的总体情况。

（二）价值体系

高校绩效评价体系的核心是价值体系，价值体系有许多构成要素。其中，主要包括价值取向和价值载体，也包括一些价值形式。加强价值体系建设，可以合理反映绩效评价的内在价值行为，传达高校的发展理念。同时，价值体系也是绩效评价的基本标准。通过价值体系和价值绩效评价，可以反映高校公共价值的内涵，具体指向教学、科研等行为活动。具体价值指标用于反映高校在实际教学和发展中的整体情况。

（三）指标体系

加强指标体系的建设和发展，可以为绩效评价工作提供指标方面的保障。合理设计指标体系，能反映出绩效评价工作的内在价值。例如，在高校发展和资源建设工作中指标体系的构建需要兼顾社会需求，主要包含开放图书馆、体育场馆等具体措施。通过对相关目标的设置和分层评价，能够全面反映出高校功能定位、资源配置情况等。指标体系的构建还要包含专业建设、学科建设、平台建设、师资队伍建设的具体内容，从而才能真正将教师个人层面和教学层面的创新发展能力体现出来。

四、优化高校组织绩效评价体系的构建策略

（一）发展战略一致的绩效评价体系

新时代对高校教师考核评价应当转变观念，重新确立考核评价的价值目标：在考核目的上，变重视考核目的的证明性为重视考核目的的激励性，以考核是否能够调动教师为人师表、教书育人的积极性为目的，而不是单纯为考核而考核。在考核过程上，变重视考核过程的规范性为重视考核程序的民主性，变重视一次性考核为重视过程性考评和阶段性考评，改变现实中不客观的现状。在考核标准上，变重视指标体系的统一构建为重视学校的层次特点、教师的专业和类别特点，构建不同教师绩效考评相关标准。在考核主体上，变重视管理者的主体地位为重视教师的主体地位，变重视学校评价为重视学生评价，充分发挥教师与学生在考核评价中的作用。在考核重点上，变重视业务工作为重视师德素养，变重视科研业绩为重视教学成果，把教师从繁重科研压力下解放出来，把主要精力投入教书育人当中。在考核方法上，变重视量化打分为重视考评技术，通过运用现代科学的量化考核技术提高考核的客观性和效率性。在考核机制上，变重视健全评价机制为重视反馈机制、选择机制和激励机制建设，形成动态、良性循环考核评价机制。在考核模式上，变重视自上而下单项管理模式为自下而上与自上而下并存双向管理模式，充分发挥教师本人和基层单位在考核中的重要作用。在考核结果上，变重视考核评价的确定性为重视考核评价的交流、反馈和应用性，以实现考核的真正意义。要转变观念，发展战略一致的绩效考核指标要注意以下几点。

1. 考核指标与高校发展战略一致

首先，组织绩效评价指标应反映各级高校战略的一致性。大学的发展战略应与各部门、各层次的子战略、目标和行动相一致。在分层构建绩效评价指标时，高校各部门、各层次的战略精神是一致的。由于学科和院校的不同特点，两个层次的高校教师绩效评价会有所不同，但最终是高校层面的战略发展目标。

其次，组织绩效评价指标要注意教学与科研并重的原则，兼顾教师的社会服务功能，合理设置绩效评价指标。一是提高教学指标比重。教学是教师的核心职责，是培养人才的直接途径，高校教师也是如此。与科学研究相比，教学往往付出大于收获，其自身的激励作用多为隐性。因此，提高教学指标在绩效评价指标制定中的比重，甚至高于科研指标的比重，都会使教学对教师的激励作用明显。同时，在教学中加强荣誉激励，让善于教学的教师成为更受人尊敬的人，引导教师在教学中不仅要寻求物质激励，更要实现自我价值。二是丰富科研部分的指标内容。目前，科研部分教师绩效的评价指标大多集中在科研经费、成果和发表论文等方面，指标范围比较窄。科学研究是大学学科建设、服务社会、提升国际影响力的重要基础。因此，科研指标也可以从更多方面广泛反映教师在科研中的表现。三是评价指标要考虑教师的社会服务功能。现代大学服务社会的形式不断发展变化。一方面，通过产学研相结合，直接转化为实际的社会生产力；另一方面，通过教学和科研，为社会输送高素质人才和科技文化成果。后者是高校服务社会的主要方式，教师工作的滞后性使得社会服务本身难以量化为评价指标。因此，社会服务指标应纳入教师绩效评价指标，对社会服务的贡献应体现在教学科研指标中。

再次，组织绩效评价指标应与高校发展战略实现动态互动。各级考核指标根据战略发展阶段或侧重点的不同进行沟通和调整，至少在每个考核周期结束后对不同层级的指标进行沟通和调整，使战略的进展和重点实施高校发展战略，均在教师绩效评价指标体系中。它反映了两者之间的动态联系。同时，在最后阶段评价后，如发现绩效评价指标不合理，或评价结果反映教师行为与高校发展战略的偏差，应及时调整指标。指标体系或指标方向应更新。根据学校的年度计划和五年规划目标，教师绩效评价指标的评价期可设置为一年或五年，或多个时期并行，建立更加灵活的教研绩效评价体系。

最后，高校教师绩效评价指标应结合高校发展战略和高校教师工作特点，个性化设计，宽严相济。高校教师绩效评价指标的设计会根据不同类型的高校发展战略、学科等具有不同的特点。不同高校、同一高校的不同学院在充分分析高校发展战略后，设计出具有自身特点的指标体系，系统、指标的种类和比例都会有自己的特点。总体而言，高校教师绩效评价不一定在各个方面都有全面而严谨的评价指标，还应根据教师的特点给教师一个宽松的发展空间，避免短期功利性的绩效评价。这样有利于高校和教师的长远发展。

2. 针对各种原则构建评价体系

首先，要重视科学性的原则。针对绩效评价指标体系来说，其科学性是确保高校合理开展金融活动的关键，所以在为高校建立绩效评价指标体系时，必须要针对高校实际情况及过去发展情况，分析高校运行情况，针对现有资源，不但要理解其评价可行性，更要针对客观事物自身特征和规律来落实各项工作。

其次，重视分类评价的原则。设计高校的绩效评价指标时，其学科因多样性特点，也将会落实分类评价原则。针对高校实际表现，建立常规且通用的指标，再结合高校不同发展情况，灵活地增添指标，确保两者高度的整合，才能展示出高校管理的实际情况。

最后，要重视可比性的原则。针对高校的绩效进行考核时，一般对高校各个发展时期进行纵向的对比，或是对各个高校间开展横向对比等，由此明确高校的发展情况，进而制定科学完善的应对和改善策略。

3. 构建完善的绩效评价指标体系

在高校教学与发展过程中，绩效评估不仅是一项系统工程，也是许多高校面临的主要问题。如何实现科学合理的评价是高校发展的一大难题。为了构建完善的绩效评估体系，相关高校可以根据绩效评估的要求，从内涵探索的角度，根据实际评估任务，加强目标的确定。通过设计标准、使用指标、提高评价力度，增强评价的针对性，选择最佳、最有效的系统评价方案，提高评价发展水平和效率。高校可以根据教师和学生发展的实际情况，细化绩效评价标准，对评价结果进行横向和纵向的比较分析，找出自身的优缺点，找到适合自身发展的战略模式。绩效评价指标体系应结合高校教学科研的实际情况，加强各项绩效评价指标体系的有效整合。例如，在高校管理、教学、科研、教师管理、员工管理等方面增加绩效考核指标，可以反映高校的实际发展情况，为高校的全面发展提供良好的保障。此外，高校需要选择合理的绩效评价方法和指标。评价方法和指标要准确反映高校发展的实际情况，而不是对高校发展的肤浅分析和评价，从而提高高校综合实力在绩效考核管理和发展中的地位，为高校的教学和发展打下基础。

4. 提升高校主体意识与制度建设

在新常态发展的背景下，高校过于重视教学和管理，没有实施绩效评估和管理的创新发展，导致高校教育发展中的诸多问题。一些高校内部专业设置不合理、资源闲置、浪费、效率低下，对全面提高高校发展水平产生了不利影响。因此，高校在构建绩效评价体系时，需要提高主体意识和制度建设水平。通过强化自身的责任感，可以防止资源浪费和重复建设。合理优化和拓宽资源渠道，以提高人才培养质量和科研水平为出发点，全面实施高校组织绩效管理和目标实施。强化高校学科建设意识，要更加重视绩效评估与管理，将绩效评估与管理合理渗透到教学、科研、管理等方面，不断了解高校教学与发展的具体情况和内容。在制度建设期间，高校需要制定完善的绩效评估制度和政策，提高绩效评估人员对高校组织绩效评估的责任感，严格按照相关绩效评估指标和制度开展工作，防止绩效管理与高校实际脱节，不能反映高校的实际水平。

5. 加强绩效评价结果的反馈运用

经济社会的快速发展给高校组织绩效评价管理带来了巨大挑战。如何快速提高教学水平已成为高校面临的主要绩效管理问题。在实际的绩效考核和管理工作中，要加强绩效考核结果的应用，合理调整绩效考核目标和计划，通过加强绩效评估方法的创新和绩效评估结果的合理使用，提高教学整体发展水平。同时，在绩效评估结果的反馈和应用中，要及时了解高校在教学和发展方面的优势和劣势，并根据结果制订有针对性的教学和发展计划。此外，加强绩效信息的有效披露和管理，通过信息和结果的披露弥补以往工作的薄弱环节，将绩效考核与各部门的考核工作结合起来，提高各部门对考核工作的认识，提高绩效考核结果的真实性，使员工合理参与绩效考核工作。

6. 拓宽高校体系建设的主要思路

应通过转变以往高校的财务管理形式，建立完整且准确的模型。其高校在绩效评价指标体系的构建中，应以高校财务基本的资源情况和物质情况为基础，通过优化整体的教育资源配置效果，制定明确的构建思路，在明确各职能部门具体的权责范围和分配方式，让各职能部门间开展相互制约、配合及监督等工作，并在客观且真实的评价体系下对各种业务进行评价，确保财务评估系统的完善性和有效性。

7. 重视高校体系建设的主要过程

在高校中的绩效，主要就是指经过投入所需教育经费，其形成的能够运用数量表示的相应效果、效率及效益等。在高校的绩效评价指标体系构建中，应重视共性和个性间的融合，注重人才培养及财务利用间的良好优化，以准确翔实的财务数据表现出高校财务运营中业务素养以及实际情况。

首先，高校的主管部门应明确并注重财务工作的开展。在高校发展中，财务平稳运行是确保高校稳步发展的关键，其相应的责任部门应注重绩效审评等工作的落实，高校内部的各职能部门应在领导者的支持下和其他部门间人员进行无缝配合与衔接，确保各项工作有效开展。高校领导应转变传统思想，明确绩效工作是高校工作中的关键内容，并在强化领导者学习能力和综合素质的同时，落实绩效评价指标体系的构建要求，以此强化高校综合管理的效果。

其次，建立规范化财务制约和监督体系。高等院校有效地建立完善的财务考评体系，能够确保财务工作的科学化与标准化。通过明确绩效评价指标主要性质及要求，再通过定性、定量等标准，针对所投入的相关教育资源所形成的结果开展科学化的分析，由此将其运用在高校财务的合理使用中。

最后，建立完善的绩效信息库。为了确保教育资源实现高效配置及管理工作的透明性，就应制定精准的会计数据支持标准。因我国一些高校是公立学院，其高校建设及管理等，都应以国家政策及基本国情为基础。根据国家相关法律法规来落实办学工作，并对高校开展科学化的管理。其相关上级部门也要明确高校财务使用情况，由此为各项工作有效开展提供保障，所以为了确保其能够随时了解到学校的信息和实际情况，就必须要构建完善的高校组织绩效的信息库，以此为各项工作的开展提供有利依据。

（二）构建以德为先的人文考核体系

（1）增加师德权重，细化师德师风的评价指标体系，具体包括坚定政治方向、自觉爱国守法、传播优秀文化、潜心教书育人、关心爱护学生、坚持言行雅正、遵守学术规范、秉持公平诚信、坚守廉洁自律、积极奉献社会等。

（2）重视教学业绩，突出教学质量的评估。教师的价值应该更多地体现在教学环节。教学环节评估应该包括教学准备、教学任务、教学过程、教学效果、教学外延、教学研究、教学成果七个方面。每一方面包括若干点，如教学任务包括教师承担的课堂教学、实践教学、指导学生实习和毕业论文、指导博士生和研究生等教学工作量及达标情况。

（3）鼓励科学研究，支持教师把科学研究成果转化到实践中。开展科学研究也是高校教师的一大功能，但科研的目的不能仅仅是评职称和完成科研计分，而是为更好地指导教学和应用到生产实践中，其中包括学术成果和产学研成果。

（4）提倡社会服务，强烈鼓励教师走出学校，为社会做出贡献。鼓励教师走出校门，承担社会责任。社会服务的内容涉及经济、政治、文化、教育等方面，如扶贫、教育支持、技术指导、专业培训、讲座、联合办学、联合发展等，社会服务在教师评价体系中不可或缺。

（5）促进教师发展，肯定教师自我完善的努力。高校教师专业素质的提高和发展也应纳入评价指标体系，以肯定和促进教师的持续自我提高，如双师型教师、双语教师等，内容包括完成学位提升、水平认证、执业资格认定、参加继续教育课程和培训、访问国内外学者、到企业锻炼、特殊技能提升等。

（三）创建全程式、数据化的考核方案

1. 评价指标体系的定量设计原则

评价指标体系的设计应坚持针对性、相关性、统一性、量化性和参考性五项原则，构建指标框架，选择指标要素，兼顾指标关系，配置指标权重和得分，统一指标平台。

2. 评价指标体系的量化设计步骤

一般来说，确定评价指标体系定量设计的步骤应分为以下6点：

（1）确定定量指标体系的一般标准；

（2）确定教师指标框架的要素，并按重要性对其进行排序；

（3）将每个指标元素的序列号合计到序列号总分中；

（4）将每个指标元素的序号得分除以总序号得分，得到该指标每个分类元素的权重值（标准得分）；

（5）将各指标类别的指标率乘以指标体系的标准总分，得到各指标类别的指标得分和各指标项的权重；

（6）可根据需要为每个索引项设置多个等差索引度。每个指标度可设置多个评分点，数量不限。将每个人在每个指标项中的得分乘以指标得分，然后相加，得到每个人的评估总分。

3. 设计具体绩效指标得分

指标体系的设计只解决了权重问题。每个指标的得分在评价中都非常重要。许多高校根据自身需要发布了教学科研量化分数的计算方法，并根据不同职称设置了教师的年度教学工作量和科研工作量。其中，部分工作未计入工作量，如编写教学大纲、指导学生论文、参加教研室活动、参加公益活动等，因此应设计增、减项目，并根据任务的重要性和实际贡献给予分数。例如，根据"教师绩效考核指标加分参考表"，再根据项目的重要性将分数分为具体、专业、重要和一般级别。如果对教师的教学质量进行测试，可根据年度班级评估结果的符合率考虑加分。

根据预先设计的"教师绩效考核扣分参照表",再根据项目的重要性将分数分为特定、重大、重要和一般级别。如果教师的教学纪律被考核,可根据教学纪律检查结果扣除相应的分数。

4. 形成独立、互动、约束的考核机制

被评估的教师个人应记录在一个特殊的计分卡中,每人每月一张。例如,在计算"教学过程"的月度分数时,以最高或更高的教师分数作为达标标准,将每位教师的个人月度分数除以最高的教师月度分数,得到当月"教学过程"中所有教师的目标率,然后将教师个人月度绩效目标率乘以"教学过程"目标得分,即可得到全体教师月度动态绩效考核结果。得分较高的教师可以获得溢出性月度绩效考核结果,这从根本上改变了依靠人和人际关系的考核和评价形式。

5. 建立数据化考核平台

要建立一个集绩效指标设计、绩效分数统计、绩效奖励分配、绩效过程记录、绩效奖惩激励等考核环节于一体的数据化教师考核运行平台、运行流程和运行机制。量化评价技术应用的最基本要求是建立标准统一、记录真实、数据完整、统计科学、操作简便的教师绩效评价数据库。

(四)多元统计方法下的考核指标体系

1. 使复杂的指标简单化

教师教学效果受多个因素的影响,因此教师绩效考核也需要通过多个指标进行描述,从而达到科学评价和考核的目的。在指标构成体系中,不同的指标从不同方面体现教师的教学水平和专业能力,有一些指标存在明显的共线性关系。为了将这些指标反映的内容进行综合概括并以单一综合指标的形式反映出来,需要在考核的过程中应用多元统计分析方法。该方法既能够提出不同指标之间的相互制约成分,对复杂的数据进行简单化处理,又能对这些单一的综合数据进行依赖关系的准确分析,如以主成分分析和因子分析等为基础的多元统计分析方法就是这样的应用过程。

2. 使相似指标准确分类

在高校教育管理工作中经常会遇到对教师的教学能力、教学思想及学生的综合成绩进行等级评定的事情,如在实践教学中,每个小组由3～4名指导教师负责,并给出学习成绩。在此过程中,由于评价主体的不同导致不同小组的考核差异相对明显。若采用定量考核,整个指标体系则不合理,因为权重系数往往也是结合经验得出的。因此,为避免根据比例凑考核分数现象的发生,可在评定之前

做好等级划分工作。将这一思想应用于高校教师绩效考核指标体系的构建过程中，不仅能够避免对教师单一职称的不科学划分，还能够对所考查到的指标按相似程度进行分类并得出相应的分类原则，这对于提升教师的积极性具有重要价值。

3. 明确指标间的依赖关系

在高校教育管理工作中，优化高校教师绩效考核指标体系还需要对不同专业的课程设置进行综合研究。一方面，要考核各专业开设课程是否合理，不同课程间是否存在相应的依赖关系；另一方面，需要综合考量各门课程在学生综合成绩评定过程中所占的比例系数是否合理，以及课程所安排的课时数在整个教学体系中是否得当等。这些影响高校教师绩效考核的指标都可以利用多元统计分析的方式进行综合考量，如主成分分析方法能够对不同指标之间的依赖关系进行单一化的综合处理，通过分析两种指标之间的相关性来展现指标的依赖程度，从而将结果应用于高校教师绩效考核指标体系的构建中，对于进一步完善和优化高校教师绩效考核体系具有至关重要的作用。

4. 能够结合指标科学预测

在高校教育工作开展中，往往需要结合教学目标和教学计划对各种标准进行综合考量和科学预测，而在教师教学工作的开展中，会形成大量的教学数据，如何对这些数据进行深度加工来展现深层次的教学问题是多元统计方法的一个重要应用。因此，在多元统计分析方法应用到高校教育管理工作的过程中，既要把握不同考核指标之间的共性，寻找平均走向，还要利用拟合曲线对函数形式进行模型化构建，根据曲线的走向和线性关系来分析不同绩效考核指标对教师教学能力和教学效果的影响程度。这样一来，通过精准科学的预测，教师能够在下一阶段的教学中及时调整各项指标，并通过科学的预测和教学方式的改善来提升课堂教学效果，保证课堂教学体系的科学构建。

5. 可以证实假设条件的合理性

多元统计分析方法往往会建立回归模型，假设在研究工作中教师考核指标对教学效果构成影响，而这种假设是否符合现实需要对假定的每一个自变量进行科学的检验，确保方程的可信度，也需要结合研究结果进行反推，证实假设条件的合理性。因此，将多元统计分析方法应用于高校教师绩效考核指标体系的构建过程中，有利于利用不同影响要素对教师的教学能力和教学效果进行科学验证，对保障教学效果、提升教师评价体系的合理性有十分重要的意义。

6. 定期评估保障高校教学质量

在多元统计分析方法应用于高校教师绩效考核指标体系构建的过程中，需要大量的数据作为支撑，因此，在定期评估教师的过程中，一方面，通过综合建立信息平台系统来收集和保存各项教学数据，可以确保教师绩效考核指标的全面性，也能够针对教师进行不同阶段的科学分析，对提升教师的教学能力具有至关重要的作用；另一方面，定期评估还可以表现为对各项教学指标的假设和验证。在高校教学体系中，受学生思维特点和教学模式改变的影响，对教师考核评价指标的体系建设也需要随之不断调整，而每一项指标的多元分析都需要进行前提条件的假设才能够完成。通过定期开展评估工作，能够帮助教师对学生的学习效果和自身的教学能力进行科学的审慎，从而不断改善教学过程中的不足，提升课堂教学效果和专业能力。

7. 构建模型提升人才培养水平

对于高校人才拥有量的预测需要建立在多元统计分析的基础上。一方面，需要对人才进行科学的划分，通过对教师绩效考核指标的多方面分析，构建以单一自变量为基础的动态化模型，从而结合人才质量和学习水平调整各项指标，保障人才培养水平的有效提升；另一方面，要兼顾由各种人为因素产生的影响，结合社会对人才的需求方向及需求量，综合调整影响教师绩效考核的各方面指标，例如对不同专业课程的课时安排进行及时调整，通过提高实践活动课程的课时比例来满足社会对应用实践型人才的要求，而在教师考核评价指标体系中则需同步调整这一量化指标，以此提升人才培养水平，完善高校教师绩效考核评价体系。

8. 明确权重提升教师考评标准

在教师绩效考核指标的评定过程中，还存在多元统计模型不规范和评分偏差较大等问题。多元统计分析方法尽管能够在一定程度上进行调整，但还需要高校对各项指标的权重进行综合细致的调整。例如可以通过构建新的评价模型，以经验判断的方法对评价标准体系进行构建，结合不同指标之间的依赖关系，采用层次分析法来明确各项指标的标准权重，利用模糊综合评判方法对每个参评教师确定标准分值，这样既形成科学的系统模型，也能够结合教学效果提升考评标准的科学性，对优化教师考核评价体系、提升教师的工作积极性具有十分重要的意义。

9. 优化变量完善指标预测价值

在高校教师绩效考核评价指标的多元统计分析过程中，结合不同指标之间的依赖关系形成的线性拟合曲线可以对指标的整体走向进行科学的分析，能够明确不同指标对教师考评工作的贡献，从而完善各项考评指标的预测价值。在实践过程中，一方面，需要教师结合指标预测结果科学安排教学计划和工作方向，保障各项工作在分析结果下的科学开展；另一方面，需要教师结合教学水平的提升效果和学生成绩对各项指标的预测结果进行验证工作，从而提升高校教师绩效考核指标体系的应用价值。

参 考 文 献

[1] 徐谡，张庆琳，葛鹏，等．高校人力资源管理 [M]．北京：清华大学出版社，2016．

[2] 史万兵．提高高校教师绩效的理论与方法研究 [M]．沈阳：东北大学出版社，2016．

[3] 刘明亮．高等教育管理与大学生创新能力培养研究 [M]．北京：科学技术文献出版社，2017．

[4] 赵慧琴．高校管理人员绩效管理体系优化研究 [J]．南宁师范大学学报（哲学社会科学版），2020，41（3）：113-124．

[5] 刘津升，梁红静．高校教师教学激励机制存在问题及对策研究 [J]．江苏科技信息，2021，38（3）：31-33．

[6] 张静．高校人力资源管理特点、现状及对策 [J]．经贸实践，2018（20）：251；253．

[7] 汪琴．新时期高校人力资源管理对策研究 [J]．中国市场，2021（19）：125-126．

[8] 袁川．新时代我国高校人力资源内涵的再界定 [J]．现代教育科学，2019（5）：1-4．

[9] 孟海峰，张滢，刘温，等．高校绩效评价体系构建思考 [J]．合作经济与科技，2022（1）：146-147．

[10] 李伟．我国高校人力资源结构及其优化研究 [J]．现代营销（信息版），2020（1）：196．

[11] 史彩华，胡静荣．高校行政管理人员绩效评价存在的问题与整改措施 [J]．科教导刊 - 电子版（下旬），2021（8）：119-120．

[12] 闫宁宁．高校教师绩效评价模式的问题与对策研究 [J]．高教学刊，2021，7（19）：48-51．

[13] 田沛，辛雅丽，赵光建．高校教师绩效考核与评价的困境与出路 [J]．人

才资源开发，2021（1）：38-39.

[14] 彭赋. 高校辅导员的绩效管理 [J]. 江西教育，2012（3）：35-36.

[15] 廖川. 高校人力资源管理创新策略及分析 [J]. 管理学家，2021（22）：70-72.

[16] 赵帅，朱佳楠. 平衡记分卡在高校人力资源管理中的应用 [J]. 环球市场信息导报，2015（47）：94.

[17] 张丹，曹原. 我国高校教师薪酬制度改革研究 [J]. 纺织服装教育，2019，34（5）：386-389.

[18] 赵昊鲁. 高校教师绩效考核的特点及几种绩效考核新思路 [J]. 大众标准化，2021（5）：190-192.

[19] 周文婷. 基于价值指向的高校绩效评价体系框架探析 [J]. 行政事业资产与财务，2021（11）：35-36.

[20] 谷博. 我国高校人力资源配置问题浅析 [J]. 营销界，2021（35）：193-194.

[21] 金培书. 浅议企业绩效考核内容与方法 [J]. 人力资源管理，2014（1）：85.

[22] 李鹏，陈雷，许文茂. 基于 KPI 考核的高校辅导员工作绩效考核探索 [J]. 北京科技大学学报（社会科学版），2021，37（5）：493-498；533.

[23] 吴雨玲. 基于知识管理的高校人力资源管理的意义 [J]. 企业文化（中旬刊），2017（5）：229-231.

[24] 庄敏. 高校教师激励机制的现实困境与对策研究 [J]. 经济研究导刊，2020（35）：92-93.

[25] 庄丽. 最佳人力资源管理模式在高校组织绩效评价中的应用 [J]. 黑龙江高教研究，2019（4）：47-51.

[26] 朱旭红. "柔性管理"理念在高校人力资源管理中的应用 [J]. 现代营销（信息版），2019（5）：166.

[27] 魏洁，汤建奎. 基于模糊综合评价的高校教师绩效考核研究 [J]. 江苏高教，2014（6）：100-103.

[28] 孟眉. 人力资源管理对组织绩效的影响 [J]. 人力资源，2020（16）：40-41.

[29] 李洁冬. 高校人力资源管理对组织绩效的影响 [J]. 中小企业管理与科技（上旬刊），2020（5）：25-27.

[30] 葛洪雨. 民办高校教师绩效管理存在的问题及对策研究 [J]. 湖北开放职业学院学报，2021，34（15）：29-30；33.